DANIEL'S MARKETING AND SALES SKILLS IN FOREIGN TRADE

外贸大牛的营与销

丹牛 著

中国海关出版社有限公司
·北京·

图书在版编目（CIP）数据

外贸大牛的营与销 / 丹牛著 . —北京：中国海关出版社有限公司，2018.10
ISBN 978-7-5175-0304-0

Ⅰ.①外… Ⅱ.①丹… Ⅲ.①对外贸易 - 工作经验 - 中国 Ⅳ.①F752

中国版本图书馆 CIP 数据核字（2018）第 216419 号

外贸大牛的营与销
WAIMAO DANIU DE YING YU XIAO

作　　者：丹　牛	
策划编辑：马　超	
责任编辑：郭　坤	
责任监制：王岫岩　赵　宇	
出版发行：出版社有限公司	
社　　址：北京市朝阳区东四环南路甲 1 号	邮政编码：100023
网　　址：www.customskb.com/book	
编辑部：01065194242 - 7554（电话）	01065194234（传真）
发行部：01065194221/4238/4246/4227（电话）	01065194233（传真）
社办书店：01065195616/5127（电话 / 传真）	01065194262/63（邮购电话）
印　　刷：三河市人民印务有限公司	经　　销：新华书店
开　　本：710mm×1000mm　1/16	
印　　张：15	字　　数：190 千字
版　　次：2018 年 10 月第 1 版	
印　　次：2020 年 5 月第 2 次印刷	
书　　号：ISBN　978-7-5175-0304-0	
定　　价：48.00 元	

海关版图书，版权所有，侵权必究
海关版图书，印装错误可随时退换

序一

长久以来，营销一直是外贸企业经营中被轻视或忽略的部分，很多外贸企业大部分时候做的都是销售，而不是营销。

当今大多数中国外贸企业，要么把生产产品作为商业流程的起点和导向，销售是"有什么卖什么"，企业家们也说"我们把产品做好就够了"。在这样的经营思想指导下，产品开发和生产的理由往往是："新产品的这个长处要比上一代更厉害""在上一代产品上附加一个新部件或功能应该也是可以的""我的友商已经开发出了这个功能，我也要做"，制定价格也是简单粗暴地采用生产成本加利润，业务员们沦为报价机器，陷入"没有最低只有更低"的抢单模式……

如果生产的瓶颈已经解决（纯外贸公司，或相对独立的外贸部门），拓展渠道（也就是找客户，找到新客户，找到更多的新客户）就成为经营的主要手段，整个商业流程都是围绕"把产品卖出去"而建设的，将主要精力放在了"如何吸引客户"上。

举个例子，假设我们要卖一款水杯，水杯被生产出来后就是产品，业务员通过卖出水杯完成水杯的价值传递、交换和转化，最终收回货款，水杯是这次销售活动的载体。如果这是一次营销，那就要从客户和市场的角度来理解和设计。今天大家在喝水或者解渴这件事情上遇到了什么问题？是"我想随时随地喝到热水"，还是"我想在一天中规律喝水"？如果是要解决"随时随地喝到热水"，那么"一款轻便体积

小保温性能良好的杯子"可以解决这个问题；如果是要解决"规律喝水"的问题，那一款可以连接饮水机、智能穿戴设备和 APP 的水杯可以解决这个问题。无论是能"随时随地喝到热水"的保温杯，还是可以提醒你"规律喝水"的智能水杯，客户最终通过喝水这个行为获得了更健康的身体，那这个杯子就已经是一款与众不同的杯子，很有可能还没上市，大家就开始期待它。在这个营销活动的设计中，客户和市场才是它的载体。由此可见，销售是由内而外的思维方式，企业以固有的产品或服务吸引、寻找客户；营销则是由外而内的思维方式，以解决问题为起点，以市场需求为导向，有效创造客户。

互联网的发展让世界更平，实现了"天下没有难做的生意"，海外市场也早已是竞争激烈的买方市场。传统的外贸销售思维，先把产品生产出来再找客户，找新客户，找更多的新客户，关心现有产品的销售和销售目标的实现，更像是一种战术层面的思考，这种重利轻市场的做法已经很难适应当前的市场变化。营销思维则以市场为导向，在对客户和市场充分认识和分析的基础上，从产品规划开始，以客户的认可程度指导定价，寻找销售渠道，通过外部环境改造企业内部管理，从而创造客户。这一思维从整体着眼，注重建立能够持续的销售系统，是一种战略层面的思考。

如果说，丹牛的上一本书《外贸大牛的术与道》，传授的是外贸工作技巧，是对外贸思维的初步探讨，那么这本《外贸大牛的营与销》则完整地将外贸看作一个商业体系，起于洞察客户需求，建立客户关系，开发、设计并规划产品和渠道，关注产品价值的创造和传递，终于客户价值的转换，从根本上建立起你的外贸商业逻辑，五星推荐！

旷世科技高保真业务部业务经理　张玉 April

序二

现在的你，比一年前更有智慧吗？

按常理来说，随着工作时间越来越长，经验会越来越丰富，只要不是做机械性的工作，人的智慧总是会随着时间的累积而提高的。

所以，通过我们平时的工作可以系统性地提高智慧。这是真的吗？

答案：并不是。相信很多朋友在回顾自己的职业经历后，也会给出否定的答案。尤其是处在人到中年这个比较尴尬的时期，可能经常会觉得力不从心，不管是脑力还是体力都拼不过年轻人。

原因可能有以下几个：

1. 一般在开始的几年，我们都很难决定自己去什么样的岗位。这样就会让我们的学习范围变得很狭窄。

2. 很多工作内容都是重复性的，减少了学习新东西的机会。

3. 很多工作职位并不需要太高的受教育水平就可以胜任。这让人感受不到提高智慧和能力的必要性。

这些原因就形成了很多人的职业天花板，在日复一日重复性无挑战的工作中耗尽了自己的潜力和积累。

那么在平时工作之外，我们有没有什么方法可以主动地提高自己的智慧？

在回答这个问题之前，我们先来看看究竟什么是"智慧"？

Wisdom is the ability to think and act using knowledge, experience, understanding, and insight.

智慧是一种运用知识、经验、理解、洞见进行思考和行动的能力。

如果只是靠工作，只能有限地积累经验，没有办法持续提高智慧。那还有什么样的方法？

有高人总结过：阅读、旅行、交友、拜访名师、个人领悟。

今天重点来说说"阅读"。

通过阅读来高效地获取知识，有一个黄金法则：阅读—理解—演绎—归纳—输出。

·首先，阅读书本上的内容，包括各种理论和案例；

·其次，对理论和案例进行理解，对自己的工作和生活方法进行指导；

·接着，将知识从自己的脑海移向真实的世界，真正地应用起来；

·然后，再将各种结果和事实从真实世界移回脑海，进行串联和总结；

·最后，把脑子里归纳出的结果讲出来或者写出来，加深理解。

这就是一套"理论应用到实践，实践后再优化理论"的过程。从某种意义上说，提高智慧的过程，就是不断通过阅读和学习发现、掌握新的思维模式，充实我们方法论的过程。

我们很多人每天都在学习，但是他们学到的不是方法论，而只是具体的方法，发现某种方法有效，就会一窝蜂地去模仿，并没有思考方法背后的逻辑，所以很容易把有限的个体经验概括为普遍原理。

同理，很多人每天都在努力工作，但他们只是在执行，并没有思考、总结和改进，所以他们积累的只是工作时间，而不是工作经验。

没有主动地寻找和总结类似的思维模型，形成自己与众不同的工具箱，这无疑是提高智慧过程中缺失的重要一环。

如今在外贸业内，有很多"大神"的书籍和课程也存在同样的问题：案例和结论相当丰富，但是思维模型非常缺乏。读者看完故事之后，热血沸腾，可真正的收获并不大，因为成功并不能复制，只有思维模型才能有效地提升智慧。

能够选择本书的读者将会发现，这本书的内容恰恰是理论结合实践，实践优化理论的完美典范。每一节的内容都是透过案例的表象看本质，将现实世界中的事物进行演绎和归纳后，最终建立起一个思维模型，这就是以科学的思维做外贸（门徒俱乐部的口号）。这也是我无比推崇本书作者丹牛的原因。

最后，再给大家一些建议：

在阅读的过程中，一定要按照上文所提的阅读黄金法则来做，不要只是照搬书中的内容。因为"低智"地学习，只是机械地复制别人的动作，而真正"高智"地学习，是去努力理解其中的结构，并构建出可靠的思维模型。

这还没有结束！

我们要继续做的是，在通过充分的实践和思考之后，对现有的思维模型提出合理的质疑，这是变得更有智慧的方法。

"质疑会把我们引向问题，问题会把我们引向真理。"

——法国哲学家 Pierre Abelard

思维模型可以帮助我们简化世界，让我们更加快速地思考，但同时也是禁锢我们的牢笼，不符合这个思维模型的做法是不是就是错误的呢？我们不能太过执着于思维模型，而忽略了真实的世界。

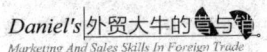

阅读完毕,演绎归纳总结,提出质疑,寻求真理。相信这也是本书作者丹牛所期望看到的。

为了智慧,我们必须先"越狱",但在"越狱"之前,我们必须首先意识到你是一个"囚徒"。

广州市凯典集团总经理　周密 Teco

前　言

之前在网上看到下面这张图片时，我的感触非常深刻。

一般人的想法可能是自鸣得意：一分钱一分货，谁让你只看价格，被骗了也是活该！

而我则在想，假如我们作为供应商，即使我们是物优、质美、服务好的那一个，但客户却只能看到我们的价格，这到底应该是谁的责任？

毫无疑问，这是我们的责任。

因为现在已经不是"酒香不怕巷子深"的年代，不是我们把产品搬到广交会或者 B2B 平台就能够源源不绝地收获客户和订单的年代了。

在买方市场的情况下，连接产品和市场，让客户感受到我们的产品能够给对方带来的利益，本来就应该是营销/销售的职能。

这个时候你可能会说了："我的产品就是便宜货，跟别人没有什么两样，同质化这么严重我根本就没办法说出朵花儿来，除了拼价格我还能拼什么呀？"

但是：

1. 真的有真正意义上的同质化的产品吗？
2. 就算产品一样，卖产品的人也不一样。

到底什么是"产品"？

一台空调、一部电视机、一套家庭音响……大家会认为这些就是产品，看得见，摸得着。但其实，这只是狭义层面的产品而已，又或者，它们只是产品的一部分。

真正意义上的"产品"应该是能够满足市场需求的任何有形物品和无形服务。

它实际上有 5 个层次的概念，分别是：核心产品、形式产品、期望产品、延伸产品、潜在产品。

所谓核心产品，指的是给客户提供的基本效用或利益。譬如大家耳熟能详的"顾客购买的不是钻头，而是墙上的洞"这句话，"洞"就是客户需要的效用。

所谓形式产品，指的是核心产品的载体，包括样式、品质、颜色、品牌、包装等，譬如"钻头"。

所谓期望产品，我们则可以理解为客户购买时的认知和期望，即"我到底可以获得什么"。就好像文章一开始那幅漫画一样，当你标价5元的时候，客户到底清楚自己可以获得什么了吗？

所谓延伸产品，指的是客户购买形式产品和期望产品的时候，附带获得的利益总和，简单一个词概括就是"服务"。

至于潜在产品，指的则是我们在未来可以帮客户实现的利益，包括新技术、新材料、新方案等，简单来说，可以理解为产品的"远景"。

假如理解了这5个层次，我们就知道，事实上绝大多数的同质化，仅仅只是集中在形式产品这一个层次而已。我们想要有所突破，势必就要从产品的其他层次着手。

怎么着手呢？靠营销和销售的力量。

譬如，靠营销定位和我们最匹配的客户群体，洞察对方的核心需求和利益点；

譬如，靠销售引导客户的认知和期望，让对方清楚自己到底可以获得什么利益；

譬如，靠营销"由终及始"，从需求出发设定公司未来的新产品开发计划；

譬如，靠销售为客户赋能，关心客户的业务，帮助客户的业务。

看，这难道不是对应着产品的几个层面吗？

说到营销和销售，大众的理解往往是有偏差的，要么觉得"销售就是找客户的，营销就是做展会和B2B平台的"，要么觉得"我是干销售的，营销跟我没关系"。

其实并不然。

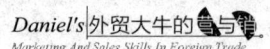

　　营销和销售的底层逻辑本来就是一样的，甚至在某些理论体系里，销售本来就属于营销的一部分。只不过营销研究的是群体，而销售研究的是个体。

　　理解了销售，我们的营销工作会更容易落地，不至于制定了一大堆"看上去很美"的策略。而理解了营销，我们在做销售工作时，容易做到从市场的高度和广度去看待某个具体案例。

　　这就是在本书里，我把营销和销售拉到一起来讨论的原因。

　　本书是鄙人从事知识分享五年多来的第二本书，我已经不满足于分享经验了，因此在这本书里，我植入了不少科学的、反常识的概念。

　　譬如：

　　价格真的是越低越好吗？

　　展会和平台真的是越多越好吗？

　　质量好真的是我们的优势和卖点吗？

　　客户不下单，真的是因为价格不够便宜吗？

　　客户给出了具体的产品要求，真的就意味着需求明确吗？

　　在看完这本书之后，相信你会有一个更清晰的理解。

　　感谢外贸G友团，感谢门徒俱乐部，让我在不知不觉之中成为一个教育界人士。这五年知识分享所带来的成就感，以及真正帮助到别人的快乐，是挣再多的钱也比不上的。

　　最后，让我们一起成为销售中最懂营销的人，以及营销中最懂销售的人。

2018 年 8 月　于顺德

目 录
Contents

上篇　营销篇 ……………………………………………………… 001

第一章　我的营销观 ……………………………………………… 003
第一节　到底什么是营销 ………………………………………… 003
第二节　"让听见炮火的人指挥战斗"？营销不等于销售 ……… 013

第二章　要想做好营销，先要学会这些 ………………………… 020
第一节　信息流+资金流+物流的"全渠道营销" ……………… 020
第二节　如何提炼产品的"卖点"与"买点" ………………… 026
第三节　利润的来源："价格歧视" …………………………… 034
第四节　"销售额=流量×转化率×客单价" ………………… 041

第三章　那些你可以做得更好的日常营销 ……………………… 048
第一节　给客户的心灵来一发"视觉锤" ……………………… 048
第二节　什么是真正的"差异化营销" ………………………… 054
第三节　当讨论定位时我们到底在说些什么 …………………… 061
第四节　国际贸易中鲜少有人使用的"口碑营销" …………… 072

第四章　突出重围的营销术 …… 078

第一节　中小企业唯一的出路："小众市场" …… 078

第二节　同质化竞争的今天，要如何杀出一条血路 …… 085

下篇　销售篇 …… 101

第五章　你适合做销售吗 …… 103

第一节　销售是一门传播价值的科学 …… 103

第二节　销售的三种类型 …… 105

第三节　什么样的人适合做销售 …… 108

第四节　到底什么是产品型、方案型和决策型销售 …… 110

第五节　什么样的销售员，客户才喜欢 …… 112

第六章　从采购视角去思考 …… 115

第一节　什么是客户的期望、需求和动机 …… 115

第二节　我为什么不下单给你 …… 118

第三节　怎么打动态度冷淡的客户 …… 124

第四节　销售人员必须具备的采购思维 …… 128

第五节　如何为客户创造价值 …… 140

第七章　客户的这些行为我不理解 …… 148

第一节　客户为什么非要见老板不可 …… 148

第二节　客户的目标价为什么比我们的成本价还低 …… 150

第八章　谈判不是一味地退让 …… 154

第一节　外贸大牛的谈判学 …… 154

第二节　学会谈判，买菜都能比别人多便宜两毛 …………… 170

第三节　给客户涨价时候，到底是捅一大刀，还是慢慢割肉…… 174

第九章　跟进客户的基本原则 ……………………………… 178

第一节　报完价客户就跑，真不是因为我们的价格高 ……… 178

第二节　电话都不会打，做什么外贸 …………………………… 183

第三节　客户提出的反对意见，到底可不可怕 ………………… 194

第十章　群发——销售大忌 ………………………………… 202

第一节　群发祝福微信的人，基本不适合做销售 …………… 202

第二节　你发的邮件不叫开发信，叫垃圾邮件 ………………… 206

第十一章　销售的晋级之路 ………………………………… 212

第一节　如何真正提升自己的销售能力 ………………………… 212

第二节　销售员非得往管理方向发展不可吗 …………………… 214

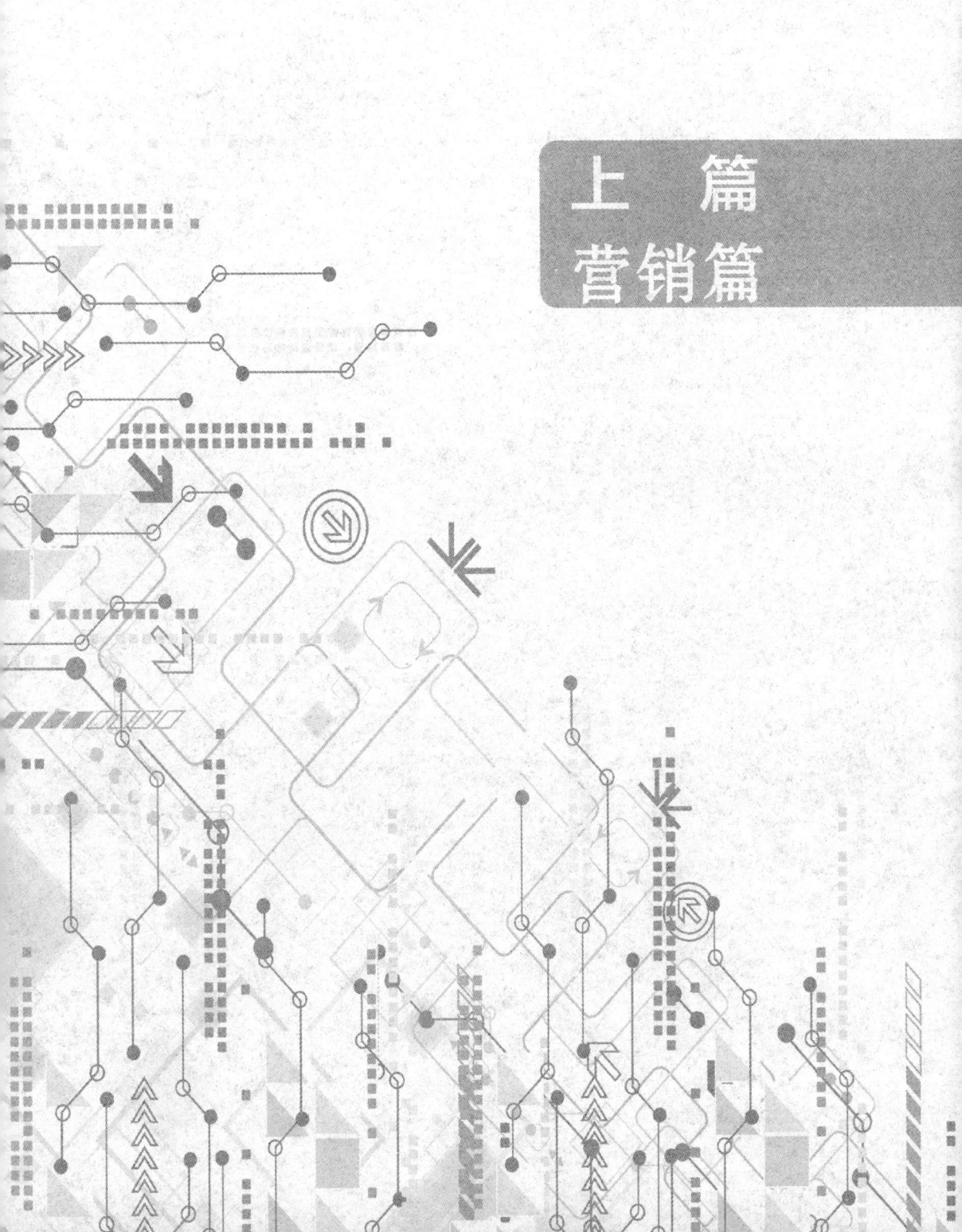

上 篇
营销篇

第一章 我的营销观

第一节 到底什么是营销

营销章节内容会有些艰涩与枯燥,因此我的阅读建议是,每读一小节,最好都能够把书放下,除了做笔记之外,也思考一下我留给大家的思考题。

门徒俱乐部曾经在深圳举办了一场辩论赛,辩题是:初创企业或团队,到底是用销售手段主动开发客户可靠呢,还是用营销推广手段被动吸引客户更加可靠?

在正式开始辩论之前,我们做了一次预投票,结果现场的50多位观众,65%投给了用销售手段主动开发客户。究其原因,我认为是大多数人对"营销"这个词还处于一知半解或者误解的状态,常常将阿里巴巴等B2B平台推广等同于营销推广,甚至等同于营销。但实际上,阿里巴巴等 B2B 平台推广只是营销推广的一部分，而营销推广只是营销的一部分。

那么，销售和营销，到底有什么关系，又有什么区别呢？这本书，又为什么要把销售和营销放在一起呢？

要了解这个，我们得先深入来理解一下这两个概念。

营销和销售的异同

销售本质上要解决的是价值与信息的不对称。当我们把价值创造出来之后（例如生产出某一样产品），客户是暂且感知不到的，他并不知道这个价值对于他的作用，也不确信自己需要付出什么才能拿到这份价值，因此我们就需要通过销售手段（专业能力、行业知识、个人魅力等），去抓住这部分我们的价值能够为他带来利益的客户，同时深挖并激发对方的真实需求，从而完成价值交换的过程（我们收获物质利益，对方收获产品利益）。所以，我认为销售的关键在于价值传播与价值交换，并且这个价值传播必须是一个主动的行为，否则就只能称为客服，而不算销售。

至于营销，我之前说过：在国际贸易领域，市场营销是通过对目标市场信息的充分把握，在明确公司、品牌及产品定位之后，针对目标客户群实施的提高其对我方的认知度及认可度，从而提高销售转化率的一系列行为。营销包含了价值传播，这一点无可否认，但营销是否包含价值创造呢？我个人认为，是的，营销包含了价值创造。

为什么这么说呢？

过往大家都是把产品设计出来之后，再费尽心思地去找定位、想文案、提卖点、定价格、建渠道、做促销，在这个操作流程中你的框架是被限定死的，而且本质上你改变不了产品本身的价值。但是，随着现代营销思想的迭代，营销工作已经不再像以前那样从企业和产品角度出发了，而是更多地从市场和客户角度出发，去了解什么样的问题是客户需要解决的，倒推回什么是客户的购买理由，什么样的促销手段能够刺激买点的放大，什么样的渠道能够更好地触及客户，什么样的价格是客户为了满足需求愿意付出的，什么样的产品能够使客户的利益最大化，等等。了解了以上情况后，卖家在产品设计阶段，赋予产品特殊的利益与价值以满足目标客户群体的需要，这个就是价值创造。

所以，从M2B2C（制造—客户—用户）发展到今天的C2B2M（用户—客户—制造），这是完全相反的两条逻辑。

从上述内容我们基本可以得出结论，销售是一个价值传播与价值交换的过程，而营销是一个价值传播与价值创造的过程。它们之间最大的联系是：营销是销售的前置动作，假如没有营销，销售的工作将会无比艰难，假如有了足够科学的营销体系，对于销售人员的要求则会大大降低，甚至只需要客服人员就足够。而它们最大的区别则是：

（1）营销的着眼点是市场，而销售的着眼点是客户；

（2）营销不负责价值转化的工作，而销售不负责价值创造的工作；

（3）营销看到的是某个群体的共性，而销售看到的是不同客户的特性。

因此我们可以看到，营销和销售的工作性质有着非常大的不同。假如你是团队领导，你让销售人员通过领英（LinkedIn）、脸书等工具去获取客户的联系方式等信息是可行的，可是你让他们去发软文、发广告的话，却十有八九会失败，因为营销和销售是两个完全不一样的群体，需要的也是完全不一样的能力。营销并不是靠销售人员三五不时地开发客户就能够出成绩的，它需要长期坚持，而销售人员更加需要的是短期内快速出订单。更重要的是，营销需要有体系地开展工作，不能够打游击战。

如何建立营销体系

从来没有营销体系的企业要如何从 0 到 1 去建立属于自己的科学的营销体系呢？

假如你所在的公司是初创企业，我不建议你去建立所谓完整的营销体系，这是由企业不同发展阶段的目标决定的。

假如你所在公司已经度过了"打砸抢"的阶段，可以开始从容地去搭建营销体系，那么你可以从如下几个方面入手。

1. 你的细分市场在哪里？

你吃不完所有的蛋糕，也满足不了所有的客户。尤其对于中小企业来说，"小众市场"更是它们唯一的出路。所谓小众市场也就是长尾市场，它指的是在资源稀缺时代未能被主流产品满足，但是在资源充沛时代能出现个性化特征的需求导向型市场。简单来说，二八定律法则下，企业 80% 的利润来自 20% 的客户和产品，那所谓的小众市场，指的就是过去你看不上的那 80% 的客户与产品。

例如 Ben 朱子斌（人称 Ben 叔）开发的 Luxor 巧克力，实际上就是靠着外观与设计，硬生生地在市场上挖过来一块蛋糕。

所以，明确你的细分市场在哪里，是你必须做的第一步。

2. 你的精准定位是什么？

我是谁？

客户是谁？

客户的需求是什么？

你的竞争对手是谁？

每一个问题其实都对应着好多个答案，譬如"我是谁"这个问题，以我的公司作为例子，答案就可以有：

成立 6 年的采购代理公司；

创始人团队具备 12 年国际贸易经验、大公司从业背景及知名高校教育背景；

提供国外客户在中国的供应链管理服务以及我国国内客户的海外市场开拓服务；

当前主要行业领域为家用电器、LED 照明和 3C 产品；

没有实体产品，没有实体工厂，服务就是我们的产品；

擅长跟进，不擅长开拓，擅长换位思考；

……

我的做法是找一张纸出来，把四个问题从左到右依次写上，再把每个问题的答案写在问题的下方，然后对答案进行重要性排序。排序之后我会将四组答案进行连线，假如能够用一条线把四个答案串起来，这四个答案基本上就决定了我们的定位。

更关键的是，确定自己的定位很多时候并不是要确定我们想做什么，而是我们能做什么，以及不做什么。

3. 你的价值主张是什么？

每家公司都需要有一个属于自己的价值主张，而且这个价值主张必须是跟着定位来的。价值主张要代表自己的核心竞争力，这一点尤其重要，否则就是价值主张的错位。

价值主张，最好能够用一句话来阐述，例如门徒俱乐部的价值主张是"用科学的思维做外贸"，再例如我的公司的价值主张是"用知识构筑国际贸易的全新格局"。

那么，我们要如何提出属于自己的价值主张呢？唯一的方法就是深刻理解定位。

例如门徒俱乐部的价值主张也不是第一天就确定的，我记得我们曾经设计过"商业思维烧脑社区""外贸思维互动社群"，还有"深度知识在你身边"，以及"培养科学的商业思维"等价值主张，这一系列的弯路其实都表明了我们对于自身的剖析不够深入，对于自己的核心竞争力在什么地方以及我们能够给客户什么样的核心价值理解得不够清晰。

4. 如何"设计"产品？

大家知道美术工程师（以下简称美工）和设计师的区别吗？准确来说，设计师是一个制造创意的人，而美工只是一个执行人，负责将设计师的创意具象化而已。

换到产品设计领域，许多人都只是一名"美工"罢了，完全称不上"设计师"，就例如以前我所在的500强公司，他们所谓的开发新产品就是去展会看竞争对手出了什么新款，然后照抄。

这个时候你可能会说，我学的不是设计专业，做的也不是技术岗位，我怎么设计产品啊？

事实上我这里所说的产品"设计"，指的是商业层面的设计，而不是技术层面的设计。举个简单的例子，Ben 就是 Luxor 巧克力的"设计师"，他把原本按吨核价进口来的巧克力加上精美的包装和独特的点缀，打造出了自己独一无二的产品。

那么，回到主题，我们要如何设计产品呢？

我的方法是FABD法，从Demand（需求）出发，倒推出客户的购买理由，也就是Benefit（利益/买点），进而再倒推到产品的Advantage（通用效用），最后倒推到具有这些效用的产品应该具有的Feature（属性）。以Luxor作为例子，它的需求应该就是年轻人想要一场别开生面的婚礼，那么更青春更能象征活力的喜糖就会给他们带来购买动机，倒推回通用效用，那就是漂亮，再倒推回属性，就可以将漂亮做不同层面的分解，譬如颜色、外观、包装、点缀等。这样产品的设计框架不就出来了吗？

所以产品设计，真不是工程师的工作，而应该是营销人员的工作。设计产品最简单的办法，就是需求—买点—卖点—特征的FABD产品设计法。

5. 如何"设计"价格？

定价有如下四种方法。

价值导向型：根据产品和服务给不同客户带来的利益来定价，属于价格设计的理想状态。

市场导向型：根据终端市场的价格倒推回来定价。

竞争导向型：根据最直接竞争对手的价格定价。

成本导向型：价格=材料成本+人工成本+管理成本+利润，这种定价方法最简单。

菲利普·科特勒在《营销管理》一书中说过："需求决定了企业产品价格的上限，成本是其下限。"我们为什么要搭建一个营销体系？目

的之一难道不就是为了摆脱过往以成本为导向的定价策略吗？

所以最正确的定价逻辑应该是：我们给客户创造了多少价值，我们就定多少价，而不是我们生产这个产品需要多少成本，我们就定多少价。

然而关键的问题是：如何衡量我们给客户创造的价值以及价值的大小呢？

我们可以从两个角度来衡量：一个是省钱的角度，一个是赚钱的角度。

假设竞争对手的产品销售价格是人民币100元，而我们的产品销售价格是人民币90元，那么我们可以理解为我们帮助客户创造了人民币10元的价值，这是省钱的角度。

假设客户的产品原本只能够卖人民币200元，然后我们帮助客户将产品卖到了人民币210元，我们就可以理解为我们帮助客户创造了人民币10元的价值，这是赚钱的角度。

从表面上看，两个角度的价值都是10元，但它们的意义是一样的吗？

很明显是不一样的，因为从省钱的角度，只要竞争对手一降价，我们的价值就会瞬间降低，甚至降低到零或者负数，过往几十年中国的外贸优势都是这么来的。而从赚钱的角度，我们的价值就不是那么容易被其他人挤压和取代，这样我们才能够最终形成一个稳定的价值，也才能代表我们的核心竞争力。

因此，在衡量我们给客户创造的价值以及价值大小的时候，一定要从赚钱的角度出发，一定要和客户一起去探寻我们的产品可以如何帮助客户把他的产品卖得更好更贵的方法，只有客户的产品卖得贵，我们的产品才能卖得贵，这才是正确设计价格的逻辑。

6. 如何"设计"渠道？

什么是渠道？产品和服务触及客户跟用户的通道，就是渠道。这里所说的触及，并不仅仅只是实际物品的流通，它包含了"信息流""资金流"和"物流"。

从这个角度我们就可以发现，在我们一开始谈论的辩论题里，不管是主动销售手段，还是被动营销推广手段，实际上都属于渠道里的"信息流"，它们的区别其实就在于我们到底是主动传播信息，还是被动吸引受众来访问我们的信息。

所以，所谓的设计渠道，并不仅仅只是设计进口商、批发商、经销商、零售商这些渠道商的体系，而是去设计如下三方面。

（1）客户通过什么渠道获取我们的信息？（信息流）

（2）客户通过什么渠道跟我们进行物资的交换？（资金流）

（3）我们的产品或者服务通过什么渠道进行实际的传递？（物流）

具体怎么设计渠道呢？实际上它就是一个优化的过程。

我举几个简单的例子。

信息流：过往客户要了解我们的公司，只能够通过图片、视频和亲自拜访，但现在通过技术手段，我们已经完全可以实现通过实时直播让客户看到我们的车间、仓库、销售部、技术部等，这就是信息流的优化。

资金流：过去都是国外客户打款给一个远在中国的不知名公司，但现在客户可以打款给某一个知名的中间平台，同时还可以从第三方平台获取一些融资，这就是资金流的优化。

物流：过去客户下单之后，都要给供应商30天生产时间跟30天海运时间，加起来60天，但现在某些公司有了海外仓，客户下单之后，7 天就能收到货，这也就是物流的优化。

所以，所谓的全渠道营销，就是通过对信息流、资金流和物流的重新组合，来打造一个更加优化的触及客户的渠道。而我们对于渠道的设计，也基本上是基于这三点来的。

7. 如何"设计"推广？

首先有两句话需要大家谨记。

（1）没有最好的推广，只有最适合的推广。

（2）多不如少，少不如精。

第一句话的意思是说客户要和我们推广平台的属性相契合。就像我们在选择推广方式的时候，首先要考虑这种推广方式到底能够覆盖什么样的人群；其次要通过对"销售＝流量×转化率×平均单价×数量"这个黄金公式的分解，测算我们在这种推广方式下到底能不能促使销售的发生。第二章会详细解释此方法。

第二句话的意思是并不是我们花钱做营销就意味着万事大吉，也并不是我们的推广平台越多越好。

推广不等于营销，我们公司过往在展会、B2B 平台、Google、新媒体上的艰难推广，本质上是因为我们过度依赖了促销，而没有设计好产品、价格和渠道，更不用谈什么细分市场、精准定位与价值主张，单纯依靠推广手段增加曝光量和认知度，没有很好地去钻研如何增加认可度。用这种方式在平台红利期的时候，我们确实可以收获订单，可是在红利期已经过去，同质化益发严重的今天，我们就要开始焦虑了。但许多人能够想到的只是不停地尝试新的推广平台，而从来没有真正从营销的角度去思考如何提高自身的内功，如何为客户创造价值，如何降低自己对平台的依赖，如何提高客户对产品的认可度而不仅仅是认知度。

我们可以思考一下,为什么在红利期过去之后,依然有不少企业能够在旧的平台上收获客户与订单,但我们就不行呢?

那是因为推广只是外部力量,自身的能力才是完完全全属于自己的内部力量。那些在旧平台上赢得客户和订单的企业借助了外部力量,但又不依赖外部力量,把外部力量应用到极致,而不仅仅只是掏钱了事,或者雇佣一个外包团队就甩手等待收获回报。

总而言之,销售固然是一个体系,但营销是一个更大的体系,要建立起这样的一个体系,需要时间、资金、耐心和科学思维,而且在把营销体系建立到一定程度之前,是很难看出效果的。因此,对于初创企业来说,我认为主动销售是一个更容易的切入点,但是当企业发展到一定阶段的时候,必须把完整的营销体系建立起来,毕竟销售是要卖好产品,但营销却是要让产品好卖。

接下来,我们一点点深入展开。

第二节 "让听见炮火的人指挥战斗"?营销不等于销售

所有的企业都做营销,只不过许多企业的营销是无意识的、不科学的、不成体系的而已。

为什么这么说呢?

我们可以从营销的4P说起。大家都知道,4P包含了产品(product)、价格(price)、渠道(place)和推广(promotion),那么我们设计一款产品出来是不是就可以叫product?给产品定一个价格是不是叫price?产品从工厂到用户所经过的渠道链条,是不是叫place?我们去参加一次广交会,或者做一个 B2B 平台,是不是叫 promotion?所以,实际上,不管企业有没有营销岗位,已经有员工在行使着营销的职能。当然,更多的情况,是绝大多数企业将营销和广告混淆在一起,觉得去做个阿里巴巴是营销,去参加一次展会是营销,然而这些其实只是营销的一部分而已,我们一般将其称之为推广,其功能就是在我们和客户之间产生一个连接。

根据大家对营销的认知程度,我们可以将其分为三个阶段。

第一个阶段,将营销等同于推广。

第二个阶段,开始学会应用营销思维对现有企业、现有产品进行科学的分析,开始学会制定营销策略和用销售结果检验营销成果。

第三个阶段,开始将营销应用到企业规划和产品发展上。也就是说,企业不再像以前一样,有了产品之后再去钻研应该怎么开发卖点,怎么体现定位,怎么传播推广,而是一开始就根据市场的需求,开发出具有卖点的产品。

那么,营销的目的是什么呢?

德鲁克说过:"营销的目的就是要让销售变得多余。"我非常赞同这种说法,我认为营销的最终目的甚至唯一的目的(和品牌并不一样),就是要提高销售额,或者让销售变得更加简单。所以,企业要打造科学的营销体系,让订单来自企业的综合实力,而不仅仅只是来自明星销售员,毕竟英雄式的销售员对于许多企业来说,是可遇而不可求,而且难以复制的。

因此,假如销售员是冲锋陷阵的士兵,那营销员就应该是统筹全局的将帅,他的职责就是告诉我们,我们是一支什么样的军队,我们的敌人在哪里,我们要攻克哪座城池,我们有哪些战术可以选择。从这个角度出发，营销就不是一个隶属于销售部的岗位了，而应该是一个至少和销售部平等，甚至最好能够领导销售部的一个团队。

营销为何不被企业重视

在现实工作中，许多企业的营销人员并没有得到应有的重视，企业更普遍的做法是把销售列为拉动公司前进的火车头，美其名曰"让听见炮火的人指挥战斗"，同时，许多销售人员也觉得营销人员根本就没有发挥作用，整天就只懂得跟他们要信息要数据，顶多算是辅助人员而已。

为什么会这样？

原因很简单，在许多企业，只有销售人员可以跟客户直接对接，而营销人员只是停留在大后方，他们得到的几乎所有的信息都需要靠销售人员反馈。但是，由于销售人员看到的往往只是一个"点"而不是"面"，所以，他们反馈回来的信息就存在着"启发性偏差"，这就导致了营销人员拿到的信息是失真的，而且很有可能存在扭曲。在这种信息失真的前提下做出来的营销策略，怎么可能产生效果？

所以，我认为大家对于"让听见炮火的人指挥战斗"这句话的理解是有误的，我认为更好的说法应该是"让指挥战斗的人听见炮火"，也就是说要把负责营销的人员也拉到前线去。他的职责，就是从不同客户的特殊需求中找出具有普遍意义的共性需求，然后有针对性地制定营销策略，同时根据这个共性需求去定位那些大家暂时触碰不到的客户。

营销人员要如何定位客户

怎样从特殊需求中提炼共性需求？又应该怎样通过共性需求去定位其他客户？这里涉及两个理论：归纳法和演绎法。

所谓归纳法，就是从特殊推导到一般的过程。我之前一直鼓励大家要去分析客户为什么下单给你，目的就是让大家通过这个过程归纳出自己的竞争力到底在什么地方。同样的道理，作为营销人员我们要满足的并不是单个客户的特殊需求，而应该是大部分客户的共性需求。这个时候我们就需要通过归纳法，去探寻每个不同个体之间的共同点，最后把共同点组合起来，汇集成一个关于"客户肖像"的猜想，之后我们再通过演绎法来对这个猜想进行证明。

所谓演绎法，是从一般推导到特殊的过程。例如通过归纳法，我们得出一个结论：目前成交的所有客户当中，绝大多数的客户都对价格不敏感，他们更多关注的是产品的设计方案。那么这个时候是不是意味着产品设计导向型的客户应该就是我们的目标客户？我去开发这种目标客户是不是就会容易一些？之后我们再在进一步的实践工作中，去修补、证实我们的"客户肖像"。最后，在归纳—演绎—再归纳—再演绎的过程当中，我们的精准定位就出来了。

通过如上的阐述我们大致就明白了：在国际贸易领域，营销人员的职责就是通过收集信息、分析信息、整理数据、提供市场策略以达到提高销售额的目的。假如大家的公司里并没有这个岗位，那么这项工作就必须由老板、销售总监或高级销售经理来完成。然而术业有专攻，在条件允许的情况之下，设立营销岗位从长远来说是有必要的。

| 第一章 | 我的营销观 |

> ▶▶ 思考题
>
> 请梳理你当前所有已经成交的客户属性,通过归纳法找出他们的共同点到底是什么,并依此画出"客户肖像"。
>
> 建议你在继续阅读下去之前,先把书本合上,思考 5 分钟。

要从销售思维转到营销思维,确实是一件需要时间的事情。

我有一个观点叫作全员皆营销,怎么理解这一句话?

我举几个简单的例子。假如你公司的司机去机场接客户的时候穿着整洁的制服,戴着白手套,客户上下车的时候主动帮对方开车门,甚至还能讲几句简单的英语,这是不是体现出一种专业?是不是能够提高客户体验,促进销售转化?假如你是客户,你会怎么想?

在开会中间,客户去了一趟洗手间,他发现洗手间里一尘不染,正在拖地的阿姨甚至还用"hello"跟他打了一声招呼,假如你是客户,你会怎么想?你肯定会想这家公司连司机和保洁阿姨都能做到这一步,那对于产品的细节要求绝对是不需要你操心的。

所以,一直认为营销跟自己没有关系的同学,简直错得离谱,营销绝对不是策划一场活动、开通一个阿里巴巴平台、设计一个官方网站、建立一个 LinkedIn 账户这么简单。

当然这个时候你可能会问:"我知道营销不简单,但也正因为如此,我不知道应该如何入手啊。"

本节留给大家的思考题,就是入手的第一步。为目标客户画肖像,是从客户思维切换到市场思维的重要一步。

什么是客户思维?就是凡事只看到某个客户或者某几个客户的特

性的思维,譬如如下几种。

"客户投诉产品质量出问题了,我们公司的质量控制和质量检测体系一定不够好。"

"客户觉得产品价格太贵了,我们公司的成本太高,没有竞争力。"

"客户抱怨产品设计太普通,我们公司的设计师简直太糟糕了。"

什么是市场思维?就是我们研究需求,从来都是站在市场的角度,而不是站在一两个客户的角度,因为一两个客户所反馈回来的,可能只是一种特性的需求,或者对方根本就不是我们的目标客户。

营销就是一种市场思维,它要满足的永远是一整个市场的共性需求,又或者说是某一个特殊群体的共性需求。满足共性需求之外的需求,那是销售人员的工作。

所以这也是为什么我们在画客户肖像的时候,需要用到归纳法和演绎法的原因。

关于归纳法,给大家举一个有趣的例子。

农场主养了一群鸡,每天定时早上 9 点钟给这群鸡投食,假如这群鸡里面有一位思考者的话,它通过一年的观察得出,不管晴天、阴天、热天、冷天,每天早上 9 点就会有食物从天而降这个结论,于是每天早上 9 点钟它都是第一个从鸡窝里跑出来接食物的。后来某一天它如常在 9 点跑出来等待食物的时候,等来的却是宰杀的屠刀。

这个例子说的就是归纳,我重点想说明的有两点。

(1)所谓归纳,是人类从有限的经验中得出对当前工作与生活有益的规律。

(2)基于认知能力的高低,归纳是有可能出错的。归纳得出的结论我们称之为"猜想",我们不能够因为归纳有可能出错就不去做归纳，有归纳总比没有归纳好，你看那只鸡就比其他鸡多吃了一年饱饭。

而所谓演绎法则是从一般到特殊的过程，也是我们用于证明归纳法的方式。

举一个小例子帮助大家加深理解。猫都喜欢吃鱼，小花是一只猫，所以小花也喜欢吃鱼。这个其实就是演绎法。

下面，我也举一个跟大家最息息相关的例子：我所有的客户都是经营A产品的，年采购量500万美元的经销商，B客户是经营A产品的年采购量500万美元的经销商，那么B客户就是我的目标客户。这个就是利用我们通过归纳法得出来的客户肖像，然后去定位新的目标客户的过程。

所以回到思考题：请梳理你当前所有已经成交的客户属性，并通过归纳法找出他们的共同点到底是什么，并依此画出"客户肖像"。

具体我们应该怎么做呢？

第一步，把所有已经成交的客户列出来，从他们的历史、规模、商业模式、决策人背景、采购偏好、销售渠道、来源渠道等维度入手，一个一个写出来，借此寻找不同客户之间的共同点。

第二步，把所有进入销售漏斗的客户列出来（譬如到达客户认可阶段），跟第一步一样，寻求客户之间的相同点。

第三步，根据第一步和第二步的结论，去印证所有进入销售漏斗的客户（商机挖掘阶段）。

通过这三步，其实我们大致对于什么样的客户可以跟我们成交，什么样的客户会更加容易信任我们，什么样的客户应该是我们的目标客户，有相对清晰的认识了。其实这就是定位客户的过程。

第二章　要想做好营销，先要学会这些

第一节　信息流+资金流+物流的"全渠道营销"

我们可以将国际贸易的大链条切割为两个部分：创造价值与传递价值。

譬如作为制造工厂，我们的主要工作就是创造价值，把一件产品从无到有创造出来。而传递价值就是我们生产出产品之后产品从工厂通过国际物流到达目的国的进口商手中，再经过经销商到达零售商，最后到达最终用户这个过程。

那么所谓的传递价值，到底是在传递什么东西呢？

传递的主要是三样东西：信息流、资金流和物流。例如传统外贸时代，客户来广交会找到我们，聊了产品、价格、规格、条款，这个就叫作传递信息流；回国之后，客户觉得这家供应商一切都挺好的，于是就确认订单并把钱打了过来,这样就传递了资金流;我们在生产完毕之后,把产品发给客户,这个就叫作物流。

而所谓的全渠道营销,实际上也就是通过对信息流、资金流和物流的重新组合,来打造一个更加优化的触碰客户的渠道。接下来我举几个例子来帮助大家理解。

(1) B2B 平台,把信息流传递从展会搬到了 B2B 平台,让客户在平台上收获信息、对接业务。此渠道中资金流和物流则没有变化,依然和过往一样采用跨国转账和国际物流的方式。

(2) 海外分公司,它使信息流传递可以直接在当地完成,客户不再需要来中国了;资金流可以通过本土手段甚至本土货币解决,不再需要兑换成美元,不用担心汇率损失;物流也一样通过本土手段解决,不用等漫长的生产与运输时间。

(3) 跨境电商,它是把三种价值都重新做了优化,以亚马逊平台为例,信息流变成了亚马逊平台;资金流也是在平台做直接支付;物流则是通过 FBA(Fulfillment By Amazon,亚马逊物流配送)从亚马逊的当地物流中心发出。

(4) 海外电商,这个是我当年在墨西哥的时候的一个设想。我在当地建立一个 B2C 的网站,消费者可以通过这个网站了解信息、购买产品,在这里解决信息流和资金流,但是货物却是由我在墨西哥各个城市的经销商发出,由他们来完成物流、安装和售后。

通过这几个例子大家可能已经发现了,过往几十年国际贸易的发展历程,本质上都是信息流、资金流和物流的重新优化和组合。这意味着假如我们要创新,我们要在营销上有所差异化,也要围绕着三流打转,例如在信息获取的便利性与针对性,资金支付的简单性与安全性，物流配送的快捷性和透明性上做文章。

譬如在信息流上，我们可以通过360度的摄像球，让客户不用来中国，就能够对我们的公司、车间和展厅有直观的认识。甚至，在未来的某一天我们可以通过VR（Virtual Reality，虚拟现实）技术，让客户仿佛置身于公司一样。

我们也可以通过云共享功能，将订单流转过程中的进度和文件都实时共享给客户，让客户能够监控到订单从打PI（Proformer Invoice，形式发票）到出货的流程，不至于让他想要什么东西都得发个邮件过来问。

我们也可以通过直播软件，让客户实时监控生产过程和装柜过程。再者，现在网络这么发达，多方网络会议总比区区一件小事都要双方邮件往返好几次来得更加快捷一些。

至于资金流，阿里巴巴现在这么积极地引进一达通，目的其实就是要掌握资金流的话语权，那么作为出口商的我们，有哪些可以考虑的因素呢？

我们可以使用人民币结算，资金少一道周转，汇率损失的风险也就少了一层。

我们也可以和信保公司合作，给优质客户提供融资的服务。

我们还可以通过海外的代理收款，增加支付的便利性。

至于物流，我们可以在目标市场设立仓储与配送中心，经销商负责接触客户和收款，我们负责在物流中心直接发货给他的下线客户。

我们也可以全权负责客户的进口物流、通关和仓储环节，直接送货到客户的仓库。

我们还可以让客户只负责拿订单，我们负责收款和发货给客户的下线。

所以大家可以看到，有非常多的组合方案，那么我们到底要如何根据自己的实际情况，来选择最适合的组合方案呢？

我的建议是如下三个。

（1）根据我们前文谈到的画"客户肖像"的方法，先梳理出客户的共性需求，了解他们要的到底是什么，同时尽可能将这个需求往信息流、资金流和物流上靠。

（2）对企业自身做一次深度剖析，重点梳理出自己擅长的是什么，自己的弱点又是什么，也就是说，了解自己有的是什么。

（3）将客户要的东西，跟自己有的东西做一次连接，假如连接不上，有没有办法可以尝试连接上？假如连接得上，有没有办法更好地连接？我们又必须得付出什么样的代价？举个简单的例子，假如客户最看重的是产品的设计和款式，过去都是定期来中国挑最新的款式，这个就属于信息流的领域。针对客户需求优化信息流的方法有许多种。如果我们公司本身没钱，那我们可以考虑通过设计一个专门放置新款式产品的网页，客户随时都能通过链接查看是否有新的款式出现；或者定期把最新的款式推送到客户的邮箱或者社交媒体，再者通过视频软件定期跟客户做新品介绍等。如果公司预算比较充裕的话，那可以考虑直接在当地设一个新产品的展示厅。如上这些都是通过对信息流的优化去更好地满足客户需求的做法。

总而言之，所谓全渠道营销，就是通过重新组合信息流、资金流和物流，从而更好地满足客户需求的过程。在各种各样的组合和优化的方案中，没有所谓的最佳方案，只有最合适方案，关键要看是否能够匹配客户的需求和自身的现实情况。

> **思考题**
>
> 请剖析自身的优势和弱点，再结合"客户肖像"的内容，考虑是否有对信息流、资金流和物流进行优化或重新组合的方案。
>
> 建议你在继续阅读下去之前，先把书本合上，思考 5 分钟。

"全渠道营销"这个词，大家应该都听过。只不过过往大家普遍以为它是指在 Facebook、LinkedIn、Instagram 等"渠道"上做营销。然而通过刚才的阅读，大家想必已经知道，这个观点是有失偏颇的。全渠道营销指的是信息流、资金流和物流这三个渠道的营销。

所有价值传播渠道上的创新，都离不开这三个渠道。举个简单的例子，京东、天猫都一直在布局最后 1 公里的物流，它们为什么这么做？就是因为它们的信息流和资金流在当前的科技下已经运用到了极致，现在必须在物流这一块下功夫。庆幸的是，在国际贸易的领域，我们依然有很多可以创新的空间。

例如，大家有没有考虑过当前以邮件发送报价单的形式太落后了？有没有办法将一些标准化的，或者低附加值的产品报价，直接搬到官网上呢？（例如 1688，实际上已经实现了根据不同订单量阶梯计价），这一点我的公司也已经着手布局了，大家都知道我的公司是做采购服务的，我们过往的做法是每来一个客户我们就走一次报价流程。现在的做法是将部分基础的服务变成标准化的产品，让客户可以直接在官网上看到这个产品甚至可以直接下单，只要我前期在官网上呈现出公司的良好形象，让客户信任我的公司就可以了。这种形式，特别适合那种经营货值低但品类多的小商品的企业。

又例如，有一个做 PCB（Printed Circuit Board，印制电路板）产品

的公司，过往做一款 PCB，客户首先要将具体的需求告诉供应商，供应商根据客户的需求画图，客户确认图纸之后供应商再报价，客户确认报价之后供应商再生产。整个沟通过程都是通过邮件，速度非常慢。后来，这家公司将所有的工作都集成到网站上面，客户将自己的需求输入进去，系统自动进行计算，然后报价、报货期，客户觉得没问题的，直接在网站上付款，然后坐等收货。这实际上也是一种信息流和资金流的重新设计。

当然，说到这儿你可能会觉得，全渠道营销似乎完全就是老板的工作，跟销售部门，或者没有营销部门的公司没有多少联系。

这么想其实是不对的，我们可以从两个角度来剖析一下。

（1）大家都在喊同质化，而我对于这一句话的固定回复总是："即使卖的东西一样，但卖东西的人并不一样。"意思就是，一个懂得以客户为中心的企业或者个人，他总是会无时无刻地想着我可以在哪里增加我对于客户的价值，但是绝大多数人都只停留在想，而不知道应该以哪里作为切入口。这一节内容的作用就是告诉你，我们对于客户的价值创新，可以从信息流、资金流和物流入手。

（2）你的升职速度为什么总是不够快？那是因为你尚未懂得站在上司、老板的角度看问题，一味地抱怨公司的产品竞争力不够没有意义，懂得如何向老板建言，如何增加公司的竞争力才是最重要的。知道了以上三流，至少你在跟老板提建议的时候就有章可循了，不是吗？

所以今天的思考题是完全没有标准答案的，因为只有你理解了公司目前在这三流的现状，才懂得如何更好地优化这三流，又或者说要以哪个顺序去优化它们。譬如现在到底是信息流阻碍了我们扩大客户

的流量,还是资金流阻碍了客户的进一步转化,还是物流影响了客户的购买体验?哪个是我们当前最主要的问题,又或者哪个是我们当前最容易解决、最容易提高性价比的问题,找出来,然后用互联网的思维去好好地想一想如何针对这些问题做进一步的优化。假如你能做到这一点,你就可以大大超越你的竞争对手了。

第二节 如何提炼产品的"卖点"与"买点"

"卖点"和"买点"的异同

所谓卖点,一般指的就是产品所具有的前所未有的、与众不同的特色与特点。

所谓买点,简单来说就是客户购买你的产品的理由,也就是你到底能够给客户带来什么样的利益。

那么,这两者之间到底有什么区别呢?

举个简单的例子,我的MBA课,它的卖点可以是"外贸界的第一档在线MBA教育课程",可是客户会因为它是所谓的"第一档"在线MBA教育课程就购买它吗?不会的。因为这个卖点当中,并没有体现出它到底能够给客户带来什么样的利益,所以这个卖点就不是买点。

每个人所着眼的"利益"并不一样,即使是购买同一样产品,客户的需求和动机也会有很大的差别。

还是以我的MBA课作为例子,有些人报名是因为我,要是没有我在，即使是相同的内容他也不会报；有些人则是遇到了瓶颈需要寻求思维上的突破；有些人则是觉得经验不够用了需要有理论上的升华，等等。

所以实际上，卖点一般都是公开的，具有普遍意义的，以产品为导向的，它多数是一种营销语言；而买点一般则是隐藏的，具有特殊意义的，以客户为导向的，它多数是一种销售语言。

然而不管是卖点还是买点，我相信多数公司都是让业务员自己去提炼，这样的做法有什么问题呢？

雷鸣 Alex 曾经举过一个例子，说他的公司做过一个测试，让 10 名业务员各自做一次公司和产品介绍，结果他惊讶地发现，每一个人的公司和产品介绍居然都是不一样的。出现这一现象的原因很简单，那就是每个人的理解能力和表达能力都是不一样的。假如没有形成标准的营销语言和销售语言，那就很有可能发生你今天去跟客户的采购总监沟通，总监觉得挺满意的，让你明天再跟老板见一次面，结果你跟老板做展示的时候总监的脸瞬间就拉了下来说："你今天说的东西怎么跟昨天说的完全变了一个样儿？"

因此，提炼产品的卖点和买点，并形成标准的营销语言跟销售语言非常重要。

如何提炼产品的卖点和买点

不知道大家有没有听说过一个叫 FAB 利益销售法的东西。

F，代表 Feature，特征，也就是产品的属性和特点。

A，代表 Advantage，可以将它理解为产品的优点，就是产品与竞争对手的产品相比有什么不同，也可以将它理解为"效用"，也就是这个产品所起到的作用。

B，代表 Benefit，利益，也就是产品能够给客户带来什么样的好处。

其中 Advantage 和 Benefit，也就是咱们本节要谈到的"卖点"跟"买点"。

那么，我们应该怎么来理解这三个名词呢？

举个简单的例子。我的产品只有 50 kg，这是特征。我的产品比同行轻了 30%，这是优点。我的产品搬起来非常轻便，这是效用。对于每批货都使用快递寄送的客户来说，我的产品的快递费可以节省 30%，这是利益。对于自己负责产品安装的客户来说，原本需要两个人，现在只需要一个人，这也是利益。

从这个角度出发，我们就能发现所谓的 Advantage 也就是卖点，是固有的，它所产生的效用对于每一个客户来说都是一样的；而所谓利益，则是特有的，不同客户所能够收获的利益并不一样。

FAB 听上去很简单，但事实上就我过往几年所遇到的供应商来说，绝大多数人都只会应用到产品特征层面。说到这儿，我找了最近收到的一封开发信给大家看看，这封邮件并不是来自某个小家庭作坊，而是来自一家 A 股上市公司，信里写着如下内容。

100 W、200 W 的 LED 工矿灯：

1. 高导热一体冷锻设计；

2. 双防水设计，IP66；

3. 120 lm/W 的高光效；

4. 60 度、110 度的透镜和反光杯作为备选。

大家可以发现，如上这些都只是产品特征层面的信息，客户看了往往只会有一个感觉，这跟他有什么关系？

那么，我们要如何将特征层面的信息转化成为效用层面甚至利益层面的信息呢？

有一个非常简单的公式，叫作"因为……所以……这也意味着……"因为某个特征，所以具有什么效应，这对你来说意味着什么利益，几乎适用于所有的场景。

还是拿刚才的 LED 工矿灯为例子。

因为高导热一体冷锻设计，所以散热性能比普通散热器高 20%，这对你来说意味着原本只能做 100 W 的灯，现在你可以尝试做 120 W，成本不变售价提高。

因为 IP66 的双防水设计，所以即使你把它装在海边承受海浪冲击也没问题，这对你来说意味着可以更好地满足客户对高防水的要求。

因为 120 lm/W 的高光效，所以它比普通 LED 灯具节能 20%，这对你来说意味着过往由于光效不足接不下来的学校订单可以再次启动了。

因为我们有 110 度的透镜，所以灯具两边的配光更好，这对你来说意味着原本一条马路需要 100 盏路灯，现在 90 盏就足够了，项目成本减少 10%。

提炼买点跟卖点的过程，实际上就是在产品特征与客户需求中间插入两个逻辑节点，一个叫作优点或效用，一个叫作利益，能够把这四个点给连接上，我们产品的买点跟卖点就出来了。

具体的做法很简单。

1. 列出产品特征和客户需求

拿一张纸出来,左边写上产品所有的特征层面的信息,右边写上客户所有的需求。

2. 根据产品特征推导出产品效用

从特征出发,因为某个特征,所以具有某些优点或效用,也就是我们所说的卖点。例如因为我们采用了新技术,在确保性能的前提下能够把材料换成铝的,所以产品价格比还在使用铜材料的同行的产品便宜很多。

3. 从需求出发,反推可以满足这个需求的利益

需求就是要解决某个问题或者达成某个目标。假如客户的问题是市场价格竞争太激烈,解决这个问题的方法要么是进一步降低产品的采购成本,要么是产品可以差异化帮助客户避开当前激烈的竞争,那么这两点都可以设定为客户的买点。

4. 寻求卖点和买点之间的连线

例如我们刚刚所说的 LED 工矿灯,因为它的材料是铝的,所以价格比铜的便宜很多。这也意味着客户的采购成本可以大幅度降低,可以解决其市场价格竞争激烈的问题。

四点一线,以此类推,我们就能够把一个又一个的卖点和买点提炼出来,最终形成公司的标准营销语言和销售语言。

> ▶▶ **思考题**
>
> 客户下单给你是看中了你产品的什么?你得出这个结论的依据是什么?这是不是你预期或者你想要的?为什么?
>
> 建议你在继续阅读下去之前,先把书本合上,思考 5 分钟。

我曾经有一次和朋友聊天，他说最近想要做净水器项目，原因是他感觉这个产品有前景，而且他比较了国内其他厂家的价格，觉得自己做生产的话，价格能够比别人更便宜。大家觉得，这种逻辑有没有问题？

在我看来，这种想法的问题很大，从咱们本节内容的角度来说有如下几个问题。

（1）没有从市场和客户出发，没有考虑到自己做这个产品到底能够给客户创造什么样的价值，又或者说利益。

（2）更低的价格算不算利益呢？其实是不算的，它顶多算是优点，也就是卖点，而且这个卖点并不稳固，因为除非他做到行业垄断地位，否则，价格这个护城河是很容易被人攻破的。

我们常说选择比努力更重要，就是因为很多事情，源头几乎决定了一切，故事还没开始，我们就知道了结局一定会是悲剧，除非我这个朋友的目的是捞一笔钱就走，否则这个项目成功的概率会非常低。

因此，新国际贸易环境下，在决定要不要创业，或者决定要怎么来设计一款产品，又或者决定要如何开展营销活动之前，我们的做法应该是这样的。

营销必须关注需求

1. 分析客户需求

在 FAB，也就是 Feature、Advantage、Benefit 之后，再加上一个 D，也就是 Demand，需求，并且要把分析需求放在工作顺序的第一位。分析客户到底有着什么样的需求？客户愿意为之付出多少代价？这个需求目前是尚未被开发，还是尚未被很好地满足？这个需求会不会形成

一种非补偿性决策因素？

张玉 April 曾经在门徒俱乐部说过一句让我印象非常深刻的话："不要在空白中找市场，而要在市场中找空白。"许多人在分析客户需求的时候，会盲目地追求"创新"。举个简单的例子，例如 O2O 的洗车服务或者 Wi-Fi 空调，我认为就是伪需求，又或者是可有可无的非刚性需求。客户为了解决这个需求所愿意支付的金额，远小于满足这个需求时必须付出的成本，像这样的产品就属于在"在空白中找市场"。至于"在市场中找空白"，譬如嘀嘀打车，它是不是创造了需求呢？不是的，打车难的问题一直存在，消费者的需求也一直都有，只不过在以前并没有一种模式去很好地满足他们罢了。

类似的例子很多，大家只要思考一下就能够发现。除了像苹果这样的公司，绝大多数公司走的其实都是开发需求而不是创造需求的道路。因此，各位在分析需求的时候，切忌闭门造车，想着我要做一番伟大的事业，而是应该直接去和客户沟通，通过一个个的问题设置去挖掘目前客户的"痛"到底在什么地方。

2. 满足客户需求

在分析完客户需求，进而推导出客户的买点后，我们工作的重点就是要满足客户需求了。如何满足客户需求呢？在《SPIN：销售巨人》这本书里曾经举过一个很有意思的案例，大意是这样的，你是卖复印机的，客户抱怨复印的时候不能双面复印，换来调去的浪费时间，假如你的复印机有这个功能，那么你就可以顺着这个话题切进去，帮助客户把这个需求进一步"放大"，但是，假如你的复印机也只能提供单面复印，那最好不要继续这个话题，转而去谈你能够解决的问题。

这个案例从营销的角度又应该如何理解呢？我的理解是，F、A、

B、D 这四点，必须得是可以连成一条线的，也就是说，从特征中我们可以推出无数的卖点，从需求中我们也可以倒推出无数的买点，只有卖点和买点能够连起来，才是一个合格的模型。简单来说那就是我们确实能够给客户带来利益。

举个例子，我们拥有非常严格的成本控制体系，这是特征。我们能够给客户提供非常低的价格，这是效用。

但只有客户的需求也是低廉的采购成本时，这个效用才会真正演化成为利益。

回到思考题，客户下单给你是看中了你产品的什么？你得出这个结论的依据是什么？这是不是你预期或者你想要的？为什么？

这道思考题很有意思，假如大家并不是和客户一起来做这道题目，就很容易陷入归因偏差，也就是自以为客户是因为什么而下单给自己，但其实并不是。例如我之前有一个巴西客户，我一直以为他是因为我们产品价格低、质量好才给我下的单，但后来拜访对方时我问了这个问题，客户的回答居然是"因为你是第一个回复我询盘的供应商，而我总共也才发了三个询盘"。从这个回答我们可以分析出：

（1）我能获得客户订单，运气成分居多；

（2）相比产品本身，客户更加关注服务。

所以，分析客户下单的原因，其实就是在找利益，客户的任何一个商业决策都不是无缘无故的，必然是因为我们在某些方面给对方提供了足够大的利益。当我们分析了足够多的客户样本之后，我们也就大致能够知道我们的优点和利益到底是什么。

思考题里面的"依据"，则主要是避免我们陷入启发性偏差。"是不是预期或者想要的"，则主要是看客户下单到底是我们有意为之，还是运气使然。

做完这道思考题,我们自然也就学会了如何把我们过往成功的经历复制到其他目标客户的身上。

第三节 利润的来源:"价格歧视"

上一节我们讲了 FAB、Feature、Advantage、Benefit,提到利益对于每个客户来说都是不一样的,也就是说假如我的产品对于 A 客户意味着 100 元钱,那么只要我的售价低于 100 元钱客户就会购买;而假如我的产品对于 B 客户来说意味着 120 元钱,那么是不是只要我的售价低于 120 元钱客户就会购买呢?

答案很明显,而这也就是咱们本节的主题:价格歧视。

什么是价格歧视

所谓价格歧视,它实际上就是一种价格差异,指的是卖家在向买家提供相同等级的商品或服务时,在不同的买家之间实行不同的销售价格或收费标准。举个简单的例子,美团。同一家餐馆,同样的事物,你掏出手机点开美团购买优惠券,和直接在门市埋单,价格就是不一样的。你认为美团价和门市价到底哪一个反映了餐厅的真实运营成本和运营利润呢?我认为现在越来越多的餐馆是以美团价作为真实的定价标准,至于那些不懂得使用团购的、懒得掏手机的人,则给商家带来了额外的利润。

价格歧视分为三级。

第一级价格歧视又称为完全价格歧视，卖家对于买家愿意支付的最大货币数量非常清楚，并以此来确定销售价格，达到掠夺消费者剩余价值的目的。这一点，我也将它称之为价值歧视，即根据产品给不同客户所能够提供的价值来定价。举个简单的例子，拍卖。相同的一件古董，你认为最多值1 000万元，但他认为可以值1 200万元，那么即使我用1元钱作为起步拍卖价，每次加价100万元，那么最终的结局我至少都可以卖到1 100万元，对吧？

第二级价格歧视，我将它称之为数量歧视，指的是卖家对于买家的偏好有所了解，但是又没有办法细致到每一个买家，因此就根据一些普遍的逻辑进行分段，每一段制定不同的价格。例如根据购买数量进行分段，然后在不同数量段制定不同的销售价格，以达到掠夺部分消费者剩余价值的目的。举个简单的例子，你在报价给客户的时候所使用的阶梯报价，其实就是一种数量歧视。

第三级价格歧视，我将它称之为市场歧视，也就是在不同的市场采取不同的销售价格，然后在高定价的市场获取超额利润。举个简单的例子，在类似委内瑞拉这样的价格竞争比较激烈的市场，我们采取掠夺性价格策略抢占市场份额，而在非洲某些国家，我们则采取高定价策略，为公司带来超额利润，甚至用于补充价格竞争比较激烈的市场的亏损。

为什么会出现价格歧视

价格歧视在大家日常的外贸工作中并不少见，只不过绝大多数公司只能够做到第二级跟第三级罢了，而且并不是有意识地去应用价格歧视策略，而是无意识甚至被动的，为什么这么说呢？

原因如下。

（1）大多数公司的产品定价，并不是价值导向型，也不是市场导向型，也不是竞争导向型，而是成本导向型。

价值导向型指的就是根据不同客户的利益来定价。

市场导向型指的是根据终端零售价倒推，减掉渠道费用、物流费用、操作费用等最终得出价格。

竞争导向型指的是追着竞争对手来定价，譬如我的某一位世界500强供应商，他们在市场上的策略就是追着某个品牌打，不管对方报什么价格，他都比他低5%。

成本导向型指的是把材料成本、人工成本、管理成本等一系列成本加起来，再加上我认为的利润，从而得出最终的价格。这也意味着，许多人在面对客户的时候，都是拿着同一套报价单模板，不管面对什么客户都报一样的价，上下浮动不超过几个点。

（2）大多数公司的产品定价是将最好的支持给予了最垃圾的客户。

例如，客户A，他跟你关系非常好，非常信任你，基本不讨价还价，你给他报了标准价格100美元。客户B，来自知名的压价王国，价格导向型客户，一天给你打三个电话砍价，你迫于无奈最终给了对方80美元。这个例子，不就是无意识甚至被动的价格歧视吗？假如A客户并不是因为他能够把产品卖得更贵，而只是因为信任你才接受这个价格，那你的这种被动的价格歧视就是在对他造成伤害。

如何做到主动且有效地实施价格歧视

（1）我们的终极追求是价值导向型定价。通过充分应用我在MBA

课上讲到的非补偿性决策法则，以及雷鸣 Alex 的以客户为中心的顾问式销售，去探寻客户的核心需求，并帮助客户放大自己的产品可以给他带来的利益，例如帮助客户把产品卖得更好、卖得更贵之类，以此来确定和提高销售价格。

（2）深化第二级价格歧视，也就是说根据不同客户的共同需求特性进行分类，制定出不同的客户肖像，然后根据客户肖像来定价。例如，有些客户的属性决定了他们就是价格导向型客户，对于这部分客户你只能够拿出最低的价格；有些客户是质量导向型客户，他们愿意牺牲价格去换取产品更好的质量；有些客户是设计导向型客户，有些客户是速度导向型客户，有些客户是功能导向型客户，那么通过将不同的客户进行归类，然后针对不同类别做不同的价格设计，就是第二级价格歧视。

（3）深化第三级价格歧视，应用市场导向型定价法，通过走访市场、约谈客户收集终端价格、渠道费用、物流费用等中间环节的信息，来倒推出我们在不同的市场应该采用什么样的价格。

（4）产品以成本定价，服务以价值定价。怎么理解这句话呢？举个简单的例子，飞机上的商务舱与经济舱的成本差有没有价差那么大？答案肯定是没有的，这就意味着我们有通过服务提高产品定价的空间。譬如我的产品卖到全世界都是 100 美元，A 客户过来说要我提前 10 天交货，好的，他加钱就可以；B 客户过来说他希望能够在我出货后付款，好的，他加钱就可以；C 客户过来说他希望我们能够承担物流，好的，他加钱就可以。

（5）产品不同、毛利率不同的组合定价法。譬如 A 产品属于冲量型产品，我不赚钱；B 产品属于利润型产品，任何要买这个产品的客

户,都一定会被我狠狠地"割一刀"。

这五种应用方法,大家可以自行选择对自己现阶段最适用的做法。

总而言之,价格歧视我们其实每天都在做,只不过过往的做法是被动的、无意识的、初级的。现在,我们则要学习如何化被动为主动,化无意识为有意识,化初级为高级。

> ▶▶ 思考题
>
> 根据本节内容,设计你的价格策略,即使你的岗位是销售业务员,也可以把公司/工厂想象为你的供应商,现在是你在创业,你要如何设计4P中至关重要的Price呢?
>
> 建议你在继续阅读下去之前,先把书本合上,思考5分钟。

菲利普·科特勒的《营销管理》这本书中说过一句话:"需求决定了企业的产品价格的上限,成本是其下限。"这句话非常容易理解,但是到底什么是需求呢?

我们之前说过,所谓需求就是客户想要解决的问题,以及想要达成的目标。

这意味着我们在设计产品价格的时候,再像以前一样单纯以"价格=材料成本+人工成本+管理成本+利润"去设计的话是很没有意思的,因为任何一项成本上升的时候,为了维持原有的利润,我们就必须小心翼翼地向客户涨价。

为什么会小心翼翼呢?归根结底,不就是对于自己能够创造的价值不自信嘛。即使在横向竞争这一条线上,自己比竞争对手的价格更低更有竞争力,在纵向价值这一条线上,假如我们不能够为市场创造足够大的价值,满足足够多的需求,我们的价格就算再怎么低,也没有意义。那么到底什么是纵向价值呢?我在门徒俱乐部微信群里曾经举过这样一个例子:一台空调5 000元,这是我的心理预期,再贵我就不会买了,因为我觉得不值,这就是纵向价值。但假如产品上能够有所创新,增加除了普通制冷之外的功能,能够满足我一些过往隐含着的需求,那么我就很有可能愿意出更高的价格来购买。

因此,我们首先应该要摆正的思维是价格是价值的体现而不是成本的体现。

如何科学地设计定价

我们到底要如何做到不拍脑袋地设计价格呢?

牢记第一级价格歧视、第二级价格歧视和第三级价格歧视的定义。

第一级价格歧视,也就是完全价格歧视,这个在我们的现实工作中,几乎是做不到的,因此我们将它列为理想状态。

第二级价格歧视,它的特点是按照偏好分段。什么是偏好?举个简单的例子,我在过往见客户的时候,总喜欢问一个问题,那就是:"除了价格之外,你最关心什么?"让对方把最关心的东西排个序,排序靠前的就是客户的偏好。客户的偏好我们基本上都可以理解为客户的买点,偏好越强烈,客户愿意为之支付的金钱也就越高,要是偏好上升到非补偿性决策因素的层面,那这个产品他更是非买不可。而我作为卖家会根据客户的偏好做如下几件事情。

(1)我会看哪个偏好属于客户的关键需求。例如有同学说客户之所以下单是因为喜欢,觉得他服务不错、有诚信。没错,这些是可以理解为客户的偏好,但这些是关键偏好吗?客户愿意为之付出更多的金钱吗?假如不是,那我们就没有多少价格歧视的空间。

(2)我会看我到底能够满足客户的偏好到什么程度,例如客户目标货期 30 天,我的货期是 25 天还是 35 天是有差别的。

(3)我会看竞争对手和我相比能够做到什么程度,例如客户目标货期 30 天,我的货期是 25 天,但是竞争对手只需要 20 天,那么我就没有什么竞争力了。

第三级价格歧视,它的特点是按照属性归类。我在之前谈到的按照不同市场属性来定价,就是最常见的归类手段,例如客户到底属于价格竞争激烈的东南亚市场,还是价格竞争相对缓和的中东市场,客户到底属于该市场的零售渠道还是进口渠道还是经销商渠道。我们要根据客户属性进行价格设计,而不能够一份报价表通用全球。

最后,我想重点谈一谈"产品以成本定价,服务以价值定价"。

我们过往的工作,一般都是通过服务给产品增加附加值,譬如快速回复(初级服务)、融资支持(高级服务)等。但是这个逻辑我认为现在是不适用的,连美团外卖都要收送餐费,我们凭什么不能让我们的服务值更多的钱呢?这点思维转变,希望大家能够有。

单纯看产品本身,客户可以很容易找到参照物(例如竞争对手的产品),但是服务可以吗?很难,客户找不到锚点,自然无法为我们的服务定价,这也是为什么在过去服务只能够免费的原因。因此我们可以做的,就是帮助客户在大脑里面形成一个价值锚点,并以此来定价。举个简单的例子,我们公司经常使用的锚点,就是客户在当地招聘一名采购人员的工资,以及在中国设立一个办事处的费用。

服务到底可以怎么定价呢?大家都知道,我公司是做采购服的，成本不外乎就是人员工资、项目提成等管理费用，不像实体产品那样有非常明确的产品成本，因此我不可能以成本来定价，只能以价值来定价。但是怎么理解"价值"这个东西？就譬如当客户给我们发询盘的时候，我们首先会根据这个项目的工作强度、工作难度、所需人员、所耗时间进行成本核算，这决定了我们本次收费的下限。其次，我们要通过前期的背景调查、客户分析来核算客户到底愿意为本次服务支付多少钱，简单来说就是我们的服务在他的心目中到底值多少。举个例子，假如一个100万元的项目，我们收取1万元费用，也就是项目费用的1%，很划算；但假如是10万元的项目，我们的工作量一样，但却要占据客户项目费用的10%，这个客户就会觉得很不划算了。前面的两个步骤把我们的价格范围圈定了下来，剩余的就是具体定价了。

有人问是否有更加科学的价值定价方法？从营销层面来说没有了，此时需要销售人员介入，销售是最终检验定价是否科学的手段。假如通过前期所有的工作，我们把指导价格定为100美元/件，但是在之后的销售谈判中，客户只能接受90美元/件，那就证明了两件事情，要么我们能够给客户带来的价值没有想象中那么高，要么我们的价值并不能很好地传播到客户那一端。这个时候应该怎么办？要么调整价格，要么传播价值。

第四节 "销售额＝流量×转化率×客单价"

电商运营中有一个黄金公式，销售额＝流量×转化率×客单价。

流量，指的就是有多少客户进入了你的销售漏斗；

转化率，指的就是进入了漏斗的客户有多少最终签订了订单；

客单价，指的就是签订订单的客户是以什么样的价格和我们成交的。

举个例子，如何判断一家路边的饭店每个月的营业额大概是多少？我们可以用销售额＝流量×转化率×客单价的公式来进行拆解。

怎么确定流量？你可以在饭点的时候驻足停留半个小时，统计这半个小时里一共有多少人经过了这家饭店，例如100人。

怎么确定转化率？你可以统计在这半个小时里，最终进入饭店的人数，例如10人，然后用此人数，除以总共经过的人数，得出的就是转化率。

怎么确定客单价？你可以进去看看大家基本上都在点什么菜，每个菜大概是多少钱，这样也就能够估算出人均消费价格是多少，例如50元。

最后，每天有多少个这样的半小时呢？假如饭店午市和晚市都营业，那么大概就是6个这样的半小时。

最终我们就能够估算出这家饭店每月的营业额大概就是100×0.1×50元×6×30＝90 000元。

听到这你可能疑惑了：我们又不做电商，B2B跟B2C也不一样，B2B有时候即使流量低，转化率也低，一个月只做成一个客户，但恰好这个客户下了大单，那我们整个销售额就上去了啊？跟这个黄金公式有什么关系？

不管什么方法跟理论，它们都只是工具而已，作用就是提高我们工作的效率，但更关键的是，我们要如何来使用它？以及在什么样的场合来使用它？这才是最重要的。举个例子，锤子可以拿来钉钉子，但不是离开了钉钉子这个场景,锤子就失去作用了,我们还可以拿锤子来砸东西,对吧?所以,学会发现工具的本质,学会将工具应用到不同的场景,这才是这篇文章最大的意义。

B2B 领域如何分析销售情况

回到主题,这个黄金公式在 B2B 领域到底可以怎么用呢?

1. 分析订单结构,确定营销方向

当我们在客单价后面加上一个"数量"的变量时,整个公式就会变成:销售额=流量×转化率×客单价×数量,那么在 B2B 的场景下,一切就都显得顺理成章了,我们就可以用这个公式来分析当前的订单结构。

假如我们的产品流量很大(例如每天都有许多询盘),转化率也很高(譬如每 10 个询盘就有 3 个成交),客单价也做得不错,单个客户的订单数量也很客观,那么这是最理想的状态。

假如我们的产品流量很大,但是最终成交的客户很少,那就是我们的销售出问题了,接下来的重点工作,就应该是按照我在 MBA 课讲到的"销售漏斗"理论去分析判断到底在漏斗的哪一个环节出现了问题。

假如我们的产品流量很小,但是转化率高,单价也不错,数量也可观,这意味着我们的新客户数量不足,一旦老客户出现问题,整个销售体系就会出现崩塌。

假如我们的产品流量和转化率都还不错,就是单价上不去,这意味着我们吸引客户的地方基本就只剩下价格,又或者业务员只懂得牺牲公司的利益去满足客户的利益,那么接下来的重点工作,可能就得

放在价值挖掘上。

假如流量、转化率、客单价都还不错，但是订单数量上不去，这个时候我们需要注意的是，我们可能定位错客户了，把B2B做成了B2小B或者B2C，此时最大的问题就是流量成本跟运营性价比的问题。

通过如上的分析，我们可以明确企业当前可能存在的问题，并有针对性地开展接下来的工作计划。

2. 预测营销推广手段

营销的目的是什么？我在门徒俱乐部的专业课里讲过，营销的目的就是要促进销售，这也意味着：

（1）是否要开展某个推广手段，必须以它是否能够促进销售作为前提；

（2）所谓的促进销售，就是要从流量、转化率、客单价、数量来进行分解。

举个例子，我们到底要不要做阿里巴巴 P4P（Pay for Performance，按效果付费）？

首先，假设我们做阿里巴巴 P4P 的预算是 10 万元人民币。

其次，研究 P4P 对销售的哪个因素造成影响。很简单，P4P 推广对流量的影响最大，至于转化率、客单价、单个客户的订单数量则是基本保持不变的。

最后，假设转化率是 5%，客单价是 20 美元，订单平均数量是 1 000 个，毛利率是 10%，这就意味着当我们拿出 10 万元预算来做 P4P 推广的时候，它至少得给我们带来 147 个询盘，我们才有可能把这笔营销预算给赚回来。那么，它给我们带来 147 个询盘这一事件本身是否现实就基本决定了我们到底要不要做阿里巴巴 P4P。

同样道理，这种分析方法能够应用于判断所有以促进销售为目的的营销推广手段是否得当。

3. 把控终端销售的信息

大家应该拜访过客户、调研过市场。拜访客户要做什么大家可能清楚了，但调研市场我们要做什么呢？

调研市场的其中一个关键目的就是要看终端的销售情况。毕竟我们一直在倡导"四维商业思维"，只有产品在终端产生了价值，才会把价值传递到中国供应链这边。那么，要怎么看终端的情况呢？请大家回忆一下我们在一开始所举的判断路边饭店每天的营业额是多少的例子，这样的方法是不是也可以用来测算终端每个品牌的销售情况呢？譬如调研各个品牌的流量大概是多少，转化率大概是多少，最终又是以什么样的价格成交的，如此一来，我们就对终端的销售情况有了初步的了解，这些都是可以帮助我们的客户有针对性地制定销售策略的。

总而言之，销售额=流量×转化率×客单价是营销领域非常重要的应用公式，不管是B2B还是B2C，企业有了这个就能够知道自己当前的不足在什么地方，进而有针对性地制定营销策略。

> ▶▶思考题
>
> 请根据黄金公式，分析自己的订单结构是否存在问题？什么问题？接下来要如何解决？
>
> 建议你在继续阅读下去之前，先把书本合上，思考5分钟。

雷鸣Alex曾经发过一条朋友圈，说某公司有一道面试题目，让大家计算上海市一共有多少只鸟。乍一看这个题目我们可能很生气，觉得被戏弄，说这种题目我们怎么可能知道答案，但细想一下，这道题其实考核的并不是我们的答案，而是我们的思考过程。

例如，我们是否可以从上海市的面积跟绿化率算出上海的绿化面积，再从绿化面积推算出大概有多少棵树，平均每棵树上又会有多少个鸟巢，平均每个鸟巢里又会有多少只鸟，这样不就得出一个大概答案了吗？

这道面试题目，跟之前的题目"如何来判断一家路边饭店每个月的营业额大概是多少？"本质上是一样的。

前段时间，有个人跟我咨询一个问题，说他们公司的销售情况不好，问我到底应该怎么办。

我的回答是，销售额 = 流量 × 转化率 × 客单价 × 数量，他所说的销售不好，到底是哪一个环节不好？假如是流量有问题，那到底是展会出问题，还是阿里巴巴有情况，还是主动开发的销售人员不够积极？

假如是转化率有问题，原因又是什么？客户来了但最终没下单，他到了哪个销售阶段？是痛点不够痛，还是客户对他的信任不够，还是他的方案不好，还是与他们公司合作客户风险太大？

假如是客单价问题，那是不是公司定位出错了，客户觉得他们就是低端厂家只能够看价格？还是说他们的销售人员无底线接单？

假如是数量问题，那是不是客户肖像没有画对，他们把资源放在了非目标客户身上？还是说推广有问题，会去这个渠道的都是小客户？

从以上内容大家可以看到，这实际上就是分解思维，把问题分块再去逐一解决的方法论，将某一个整体，做到不重叠、不遗漏地分类，把问题层层分解，最终分析出关键问题在哪儿和初步的解决方案。

所以实际上，本节的主题就是在为我们提供一个分解问题的思路，让我们能够对现有订单到底是好是坏,未来可能存在哪些问题进行分析,并确定接下来的重点工作方向。这个就是销售黄金公式的第一个应用场景。

过往许多决策,我们都是靠拍脑袋去判断"好不好"跟"做不做"的,这里面有太多运气的成分。举个简单的例子,外贸G友团曾经设想过去广交会派发小册子增加曝光量。广交会可全是外贸人,我们想一想都觉得这个市场太庞大了,团队小伙伴们顿时热血沸腾,觉得我们很快就要火遍全中国。可是当我们套公式一计算之后,热血顿时就凉了,因为根据计算结果,我们可能花了上万元人民币却只能收获几百名粉丝,每名粉丝的获取成本高达20元人民币以上,而且中间环节可能产生的问题,我们并没有办法解决。所以最终,我们放弃了这个想法。

数据是一切行动的基础,拍脑袋决策没用,还是要用科学的思维做外贸。

第三章　那些你可以做得更好的日常营销

第一节　给客户的心灵来一发"视觉锤"

"定位"系列里有一本书叫作《视觉锤》，它的观念是：营造一个品牌需要语言作为钉子，视觉元素作为锤子，并且需要经过长年累月的锤打。在这个过程当中，锤子比钉子还要更加重要一些。

为什么呢？要解释这个，我们首先就得从人脑的结构讲起。

人的大脑分为左脑和右脑，左脑的职能是处理声音，而右脑的职能是处理图像。

大家可以观察一下学习阅读的小孩子，他们在阅读的时候常常动嘴唇。为什么？因为他们正在把看到的文字词汇转换成他们能够理解的声音。成年人在阅读的时候虽然不会动嘴唇，但为了理解这些文字，他们还是得把它转换成声音。其原因就在于，文字展示在人们面前的时候，首先作为视觉的东西要进入右脑，被解码之后再传输到左脑，转换成声音，之后再被接收和理解。

这个过程是需要耗费时间和能量的，因此我们可以发现：印刷出来的文字作为冷媒介，并不能够瞬时就被受众理解，而是需要一个被咀嚼的过程；而声音和图像，则可以被受众毫不费力地接受，而且记忆也要深刻得多。大家可以回想一下，你是否能够记得住可口可乐近些年的广告词？不一定，可是你一定能够记得可口可乐瓶子的形状，这个就是视觉化的作用。所以，近些年短视频的崛起不是没有原因的，它迎合了人类的本性。

所谓"视觉锤"，本质上就是借助图像的形式将文字想要表达或者文字无法表达的东西，植入客户内心的一种方式。从这个角度出发就可以解释为什么在销售的场景下，见面比电话更有效果，电话比邮件更有效果。

营销中如何应用"视觉锤"

1. 能用图形、图表的，少用甚至不用文字

举两个大家常用的场景。

（1）开发信。设计开发信模板应该是营销部门的职责，因为只有具备营销思维的人才知道应该如何将潜在客户按照市场、行业、渠道、偏好等维度进行分类，并且根据不同的维度设计相对应的开发信模板，同时根据客户反馈回来的数据对模板进行修正。至于选择哪个开发信模板，以及如何对开发信模板进行有针对性的修改，才是销售部门的职责。与此同时，也只有具备营销思维的人，才知道如何将想要表达的内容进行视觉化转换，否则呈现出来的东西，就只是一篇干巴巴的文字。

怎么来做视觉化转换呢？海报就是一个很好的呈现方式。假如大家订阅过苹果的推送，会发现它时不时都会推送一些新品或者促销的广告。我们公司曾经每个月设计一张海报，从各个维度去视觉化产品和服务，然后发送给每一个潜在客户，这种邮件的反馈率和询盘率都远远高于普通的开发信，建议大家可以尝试一下。即使把美工外包，也不过一两百元钱就可以设计一幅海报。

（2）PPT。PPT 有两个主要的应用场景，第一个是直接发给客户，第二个辅助我们见客户时做演讲。不管哪个场景，图都比文字重要。譬如你想展示工厂的规模，到底是说我的工厂面积有 200 亩，还是放一张工厂的鸟瞰图，或者放一张 18 个足球场组合在一起的动图呢？反正绝对不会是第一种，因为不管是亩还是平方米还是数字，这些都完全没有办法在客户的大脑中形成概念。所以在 PPT 里面，图越多越好，字越少越好。

2. 文字为钉，图像为锤

假如只有图像，没有给图像赋予内涵和意义的话，那顶多只会有短期的冲击力而不会有持久的影响力，就如同只有锤子而没有钉子一样。所以在实际的营销工作中，锤子和钉子一定要相结合。此外我们还需要给自己设立一个口号。有些人可能会觉得口号这个东西很虚，但其实口号是定位的体现，表达了企业到底想要给受众传播什么样的理念，"虚"很多时候只是因为企业对于定位尚不清晰罢了。举一个简单的例子，我曾经有一个朋友，他公司的口号就是"绿色美好新世界"，这样的口号最大的问题就是不够精准，没有办法变成钉子。从这个角度出发，大家可以去思考一下"怕上火喝王老吉"到底厉害在哪里，以及香飘飘为什么把广告词改成了"小饿小困喝点香飘飘"。

3. 文字需要能够形成相对应的画面

刚刚说了文字相比图像缺乏直接的冲击力，可是在以邮件为主要沟通渠道的国际贸易场景下，绝大多数情况中我们都不得不使用文字来交流，这个时候该怎么办呢？我的观点是：要尽可能地让自己的文字具有画面感，这样才能够在用户的大脑中留下深刻印象。举个简单的例子，大家为什么喜欢朱子斌 Ben 的商业英语？他并没有使用多么复杂的词汇，但是经过他手的英语总是能够在受众的脑海里勾勒出一幅生动的画面，譬如那句"let's keep the ball rolling"还有"there is no magical"，能让客户感知到对面是一个活生生的人而不是某部电脑。关于让文字具有画面感我没有办法说太多，这是需要不断练习的。

最后，视觉化并不仅仅应用在营销工作中，作为一个职场人我们时时刻刻都要有视觉化思维，譬如在跟老板做工作汇报的时候，洋洋洒洒的文字永远都没有几张图表来得好用。

> ▶ 思考题
>
> 1. OA 90 天的条款，出货前付全款直接有 3% 折扣，出货后 30 天内付款有 2% 折扣，出货后 60 天内付款有 1% 折扣，但是出货后的折扣不能在货款中直接扣除，只能等到本年度最后一批货发出前进行抵扣。请尝试用英语和图表两种方式表达。
>
> 2. 请帮你的企业设计一个口号，务必结合定位的理论，且务必精准。
>
> 建议你在继续阅读下去之前，先把书本合上，思考 5 分钟。

在日常的工作中,经常会出现类似的情况,我们拼了命地想用语言去准确描述一样东西,结果受众依然一脸懵懂。举个简单的例子,假如我需要告诉大家怎么加入门徒俱乐部,文字的说法是这样的:打开门徒俱乐部微信公众号,点击右下方"加入我们",再点击"报名门徒",完成后再点击"申请表"。你听着都觉得很复杂,但假如我使用截图的办法,就会非常的简单。

所以,一切能够用图表和图片来展示的东西,一律不建议使用过多的文字。

从这个角度出发,我们日常工作中的许多邮件、开发信、PPT 就是不合格的,因为它们都不符合人性,所以我之前说过我的邮件曾经经历了三个阶段,即从简单到复杂再到简单的过程。

第一个简单,是我不知道应该怎么写,所以只能写得简单。

第二个复杂,是我掌握了一些关键知识和信息之后,开始想要学习更好地表达自己,但这是从自己的角度出发的。

第三个简单,是我开始剔除一些无用的废话,或者正确的废话,将眼睛盯在如何更好地让客户吸收我想表达的东西上。到了这一步,才是从受众的角度出发。

今天这一节的内容只是告诉大家在日常工作的输出中,我们要尽可能地使用最简单的方式。但这并不代表在学习时,我们也可以这么做,譬如"听书"在我看来就是一种不好的学习方式。

为什么?我之前说了,文字属于"冷媒介",是一个需要咀嚼思考才能吸收的东西,而电视、广播等,则属于"热媒介",你确实有可能很容易就从"热媒介"中吸收东西,但它们的留存率非常低,因为你不会也没有机会思考。毕竟你不大可能在听到一段精彩内容的时候,按暂停然后做笔记。

回到思考题：

1. OA 90 天的条款，出货前付全款直接有 3% 折扣，出货后 30 天内付款有 2% 折扣，出货后 60 天内付款有 1% 折扣，但是出货后的折扣不能在货款中直接扣除，只能等到本年度最后一批货发出前进行抵扣。请尝试用英语和图表两种方式表达。

2. 请帮你的企业设计一个口号，务必结合定位的理论，且务必精准。

第一题假如用文字来表达，那么是这样的：

The payment terms is OA 90 days, if you pay before shipment, you will get 3% discount, to be directly deducted in your payment. If you pay 30 days after shipment, you will get 2% rebate. 60 days after shipment, you will get 1% rebate, and the rebate will affect in the payment of the last of this year.

这段话看上去很复杂，假如客户的英语不好，你的表达又不是太好的话，很容易说半天客户都不知道你在说什么。

而假如用图表的方式表达，则如表 3-1 所示。

表 3-1

Terms Payment Time	%	Remarks
OA 90 DAYS before shipment	3%	direct discount
within 30 days after shipment	2%	rebate, affect in last payment of this year
within 60 days after shipment	1%	rebate, affect in last payment of this year

假如你能够用例子来说明，那就更加简单了。所以大家一定要养成这个习惯，在做任何文字表达的时候，想一想是否有更加容易让受众接受的方法。

第二题，口号很重要，它是企业定位或者价值主张的一种体现，设计口号最关键的是要从客户和市场的角度出发，我们到底想让对方吸收什么？

举个简单的例子，外贸 G 友团公众号，过往的口号是"外贸社群第一品牌"，这实际上就是从自己出发的东西，就好像几年前我公司有一个口号叫作"COB 光源发明者"一样。对于客户来说，它们根本就没有什么意义。

我最近在筹划更改公众号的口号，我的初步设想是"高阶外贸的知识殿堂"。这个时候口号传达的企业定位就清晰多了，初阶知识，你在哪里都可以看到，但是高阶的知识，我这里是殿堂级的。

所以，一个好的口号，既会让客户记住我们，也能够引导我们的工作方向。

第二节　什么是真正的"差异化营销"

什么是"差异化营销"

销售管理，管理的是过程而不是结果，过程对了结果自然而然就会好，但差异化营销恰好是反过来的，它是一个结果而不是一个过程，也就是说我们不能够为了差异化而差异化。譬如，竞争对手的产品厚度是2cm，你非要做到1cm，以便跟别人不一样，然后就说自己有"差异化"，这样对吗？

不对，营销的关键在于减少的这 1cm 对于客户到底产生了什么样的价值？这是一个很重要的逻辑。过往几十年绝大多数公司的做法都是有了一个产品之后，再去想到底要怎么卖，这种做法在卖方市场的年代是可行的，可是在买方市场的当下，在同质化异常严重的今天，已经失去了意义。

为什么？关键就在于定价权的转移，定价权已经从一开始的制造工厂，慢慢地转移到渠道商，再转到了最终用户。当客户们面临大量类似选择的时候，一来他很容易形成"决策瘫痪"，二来采购价格势必渐渐走低，三来客户本身无法形成面向终端市场的差异化，从而进一步把市场做烂，并倒逼供应链提供更低的价格，形成一个死循环。

什么是死循环呢？假设你是一个创业者，你觉得没有很多钱，得省吃俭用，因此就舍不得开出比较高的工资招人，结果来的人全都是歪瓜裂枣，能力不足导致业务做不起来，没有订单没有利润，这样你就更舍不得花钱招有能力的人，业绩自然也就越来越差。这就是死循环。

想要跳出商业链条中的死循环，关键就要看我们是否能够在客户乃至用户的这一端，塑造出具有独特价值的差异化。

所谓差异化营销，本质上并不在于"今天的我"和"昨天的我"有什么不一样，也不在于我和竞争对手有什么不一样，而在于我们是否能够通过市场细分、市场定位等手段筛选出目标客户群体，再通过营销手段给对方塑造差异化价值。它的核心有两个：

（1）在市场端进行差异化，把属于自己的那个客户群体区隔开来；

（2）在客户端进行差异化，将自己和友商在客户心中区隔开来。

如何进行差异化营销

1. 提出属于自己的价值主张

我们之前所留关于设计口号的思考题，目的其实就是提出价值主张，并起到区隔客户群体的作用，例如，门徒俱乐部，"用科学的思维做外贸"的口号就起到了区隔客户群体的作用，那些还没有到需要科学思维层面的人群，根本就不会想要进来。

那么，在外贸领域我们要怎样提出价值主张呢？这个其实就涉及定位跟核心竞争力的问题，所以我们必须再一次提道：客户是谁？客户的核心需求是什么？我要如何来满足这个核心需求？竞争对手们一定没有我做得好吗？举个简单的例子，我一直认为那些号称自己是工厂的贸易公司存在着价值主张的错乱，假如客户非得和工厂合作，那说明客户是价格导向型公司，他就是得逼近供应链的上游，或者客户具有专业行业背景，他唯一需要的就是组装制造者。

试想一下，这两点有哪一点是贸易公司可以满足的呢？所以，作为贸易公司，你隐瞒自己不是工厂的事实，并且将其他工厂作为你的竞争对手，你的价值主张就是错位的，因为你在向市场宣告的其实是"制造"的信号，而不是其他例如"设计""技术"优势。此时即使你把客户吸引过来了，客户一旦发现你并没有满足对方需求的能力自然会跑掉，从而既浪费了营销资源，又起不到筛选客户的作用。

2. 从客户价值倒推回 4P

差异化分为两种，一种是创造价值，一种是传播价值，之前我们所说的其实都属于传播价值的领域,而从客户价值倒推回4P,则属于创造价值的领域。

这种创造价值,是不可能从产品本身出发的,举个简单的例子:降成本。

过往的降成本,基本上都是"工程师思维",这里换成铝材料,那里减少1 cm,全部都是拍脑袋决定,而没有去考虑这种变动到底会影响多少客户的价值与利益,也就是说只考虑到产品特点的层面,而没有想到利益的层面。

现在的降成本,则必须是"市场思维"。我们不能够只看到哪个零部件的更换能够带来成本的下滑,就从哪个零部件入手,而是应该将所有的零部件和功能拆解开来,分析哪些功能是客户在意的,哪些功能是客户根本不关心的。要明确,假如我们改动客户在意的功能,它所降下来的成本是否能够抵消客户需求无法被满足而带来的不满;假如我们从客户不关心的功能下手,最终降下来的成本是否能够满足客户和我们的目标等。

那么,我们要如何做到从客户价值倒推回4P呢?

最简单的方法如下。

(1)拿一张纸出来,左边写下客户所有的买点,包括:客户想要解决什么样的问题?客户想要达成什么样的目标?客户主要考虑哪些采购因素?

(2)将所有的买点根据重要性进行排序。对客户越重要的,客户越愿意为之付出更高价码的买点,排名就越靠前。

(3)对所有的买点进行有针对性的匹配归类,能够由Product解决的买点,进入产品类;能够由Price解决的买点,进入价格类;能够由

Place 解决的买点，进入渠道类；能够由 Promotion 解决的买点，进入推广类。对于暂时不能够由营销层面解决的买点，不做归类。

（4）从排名靠前的买点开始梳理。首先，判断我们要不要满足客户的买点（必要性），其次，判断我们能不能满足客户的买点（成本），再次，看我们要如何满足客户的买点（方法），最后，看竞争对手可能是怎么做的。

这一整个系列分析下来，我们就会对要在哪个环节塑造差异化，以及如何塑造差异化有比较清晰的认识了。

总而言之，差异化营销不是天马行空的想象，也不是拍脑袋决策，我们总觉得创新是"Think out of the box（跳出思维定式想问题）"，但其实也可以是"Think inside the box（在思维定式中想问题）"，这个 box，就是客户的需求。

> ▶▶ 思考题
>
> 请思考你和竞争对手的差异点到底在什么地方？
>
> 建议你在继续阅读下去之前，先把书本合上，思考 5 分钟。

一直以来，为了差异化而差异化，是我们很容易犯的毛病。

例如别人的产品是白色的，我们的产品是黄色的，别人的产品是 2015 年的技术，我们的产品是 2017 年的技术，就说我们跟竞争对手不一样，我们有差异化。但是，这种说法是完全错误的，差异化的要点并不在于你和竞争对手有什么不同，而在于这个不同到底能够给客户带来什么样的价值。

举个简单的例子，不知道大家有没有用过竹浆纸巾？和普通纸巾相比，竹浆纸巾黄色不美观、较硬不舒服、价格贵好多，但是，它号称的却是环保、抑菌、非漂白，所以近些年它开始火了起来。但事实上它是否真的具备这些功能呢？反正我不置可否。所以，从营销的角度来说，差异化有两点，要么你的产品真的有差异化，要么你说的有差异化，只要客户认为你有差异化就足够。

这句话的意思并不是要告诉大家去弄虚作假，而是想要大家意识到价值传播的重要性。以及定位的重要性，不管我们的产品有多好，如果客户不认可，那也是没有意义的。

我们到底要如何从小处营造自己的差异化？尤其是，那些本身就已经同质化非常严重的产品，又应该怎样做到差异化？

雷鸣 Alex 最近发了一条微博说："客户不是上帝，因为上帝不需要你帮助，而客户是需要你帮助的人。"这句话应该怎么理解呢？

举个例子：ERP 或者 CRM 或者进销存这些系统都是能够提高企业管理工作效率的，都是对客户有价值的，但为什么还是有许多公司不愿意采用这样的系统，宁可手工记账呢？

原因很简单，不外乎如下三个：

（1）人性的限制，他们习惯了过往的方式，懒得更换；
（2）没有看到更换之后的价值；
（3）不想付出更换的成本。

其中第二点与第三点可以理解成为更换之后的价值<需要付出的成本。

那么这个时候不管是作为销售员还是营销员，我们需要做的其实就是两件事情，第一，帮助客户看到不更换可能造成的后果；第二，帮助客户看到更换之后可能带来的价值。

　　这就是为什么说客户需要我们的帮助。这个帮助的过程，其实就已经是差异化的过程了。有一句话我经常说："即使产品是一样的，但卖产品的人肯定不一样。"同样道理，即使产品是一样的，但说法肯定不一样。

　　举个例子，各位在社交媒体，在 B2B 平台，在 PPT，在和客户会面的时候，你们所展示的到底是产品的什么？我相信绝大多数公司展示的都只是产品的特征，例如什么材料，什么颜色，什么尺寸，什么功能。各位有没有想过去挖掘一下产品的优势，也就是"效用"，即"卖点"。甚至，我们可以针对部分特有客户群体，去展示我们的效用，也就是"利益"，也就是"买点"。

　　所以，差异化并不是大家想象中的大工程，有时候它仅仅只是一个小创意而已。我的老师曾和平先生说过一个例子，他有次去日本出差的时候，到一个咖啡馆喝咖啡，喝了几口他觉得咖啡不够冰，就让服务员加冰块。结果服务员拿来的冰块，并不是我们经常看到的用水做成的冰块，而是用咖啡做成的冰块，而且还是用和他手中一样的咖啡做成的冰块，其目的就是为了让客户的口感体验不会发生任何的变化。这个就是为顾客创造价值的差异化。

　　还有另外一个例子，杯子都是直边的，但由于某些国家的人鼻子比较大，直边的杯子容易碰到鼻子，因此有人就想了一个办法，把直边的杯子变成斜边的，问题瞬间就解决了。

　　所以，很多时候我们总觉得自己做得够好了，已考虑到各方各面的细节了，但这实际上这只是一种"差不多心理"。事实上我们根本就没看到世界上做得更好的人到底是怎么做的。这是一种思维的局限性。试问一下，一只一辈子都生活在井里的青蛙，你让它怎么去想象井外的天空到底有多大？宁为鸡首不为凤尾，其实是一种对自己不负责任的不思进取。

多看看外面的世界，多吸收外界的知识，多放开自己的思维，多站在巨人的肩膀上，多想想客户要的是什么，差异化其实离我们不遥远。

第三节　当讨论定位时我们到底在说些什么

前段时间我看了一篇影视演员的采访文章，里面提到了她的定位其实不是一位演员而是一位明星，那么这两者有什么差别？对于演员来说，演技就是生命线，演技就是核心竞争力；而对于明星，观众其实不会在意她的演技到底有多好，而在意她有多美，她的曝光量有多少，她有多少花边新闻，她有多少次站在镁光灯前面。

以这个小案例，牵出一个问题，大家有没有被客户问过"Are you a factory?"

我相信，这个问题一定有很多人都被问过，甚至很多人还可能有假装自己的公司是工厂的经历。

但是，大家有没有想过这样一个问题，苹果不是工厂，小米也不是工厂，为什么大家会争先恐后想要做对方的代理。你不会去跟乔布斯说："乔布斯先生，不好意思你不是工厂，我不想跟你买。我准备今天下午给富士康发个询盘。"为什么？

从商业的角度看，客户本来就不应该在意他的供应商到底是工厂还是贸易商，他所在意的应该是到底谁能够让他的利益最大化。用户早就过了迷信工厂直销的年代，他们在意的是到底谁能够让他们

的体验最优。而之所以你的客户会在意你到底是不是工厂，只不过就是因为你只是一个外贸的搬运工，你在利用信息不对称挣钱，你所能提供的价值，根本无法让客户抵御拿到更低价格的诱惑，你的个人及公司品牌，完全无法让客户信任。在你和工厂输出价值处于同一水平的情况下，作为客户，他当然是找输入成本更低的供应商了，不是吗？

但是今天，我想从另外一个角度来阐述这个问题。举个简单的例子，我们曾经游说过公司的小姑娘改英文名字。她的英文名字叫Kitty，客户每次听到这个名字的时候都会问"Kitty from Hello Kitty?"然后说"好可爱！"这个时候在客户的脑海里，自然将Hello Kitty和我公司的小姑娘联想到了一起。在Kitty还是个业务员的时候，这当然不是什么问题。可是我们试想一下，假如10年或者20年之后，Kitty成了公司总监或者总经理，可是在她和客户尚未见过面，只能通过邮件交流的时候，客户绝对联想不到跟他联系的其实是一位总监级的人物。因为Kitty这个名字，给别人的感觉就是一个小姑娘，无论如何也联想不到专业、稳重和可靠。

举这个案例我想说的是，作为一家贸易公司，你那么爱强调自己是一家工厂，真的是一件好事吗？

对于我们来说，提起工厂，我们可能就觉得"专业""价格有竞争力""质量有保证"，可对于客户来说，当提起中国工厂的时候，他们脑海中可能会闪出这样一个画面，一个40~50岁的生产或技术出身的老板，一个戴着眼镜头发稀疏，同款衣服从年头穿到年尾的技术工程师，还有一个毕业三年英语说得结结巴巴，每说两句自己都要先笑一下的销售小姑娘，还有破烂的厂房，陈旧的设备，动不动就出来说货款什么时候给的财务老板娘。站在客户的角度，对于这样的供应商，他计算完来料成本多少，人工成本多少，再给工厂留几个点的利润也就是了，毕竟在他眼里工厂就是一家专门从事生产的企业而已，它的价值就在于组装。

我们不能怪客户有这种想法，因为这样的小型工厂在中国实在是太多了。更要命的是，一旦你是贸易公司却以工厂自居，客户也将你视为工厂，这个时候他将你和其他工厂拿来对比，你的生产能力、研发能力、质检能力统统都不是你的优势，那么你的失败就是理所当然的，对吗？

客户对你的看法，其实来源于你的选择，而你的选择，就是定位。

什么是定位

定位绝对不是我们在日常生活中听到的"我们公司的定位是中高端"。所谓定位，就是确定自己的位置，这个位置并不是指你是行业老大、老二、老三这样的排名，而是当客户想起你的时候，在一瞬间闪现出来的关于你的看法，这个就是定位，例如大家提起奔驰的时候想到的是尊贵，提起宝马的时候想到的是驾驶机器，提起沃尔沃的时候想到的是安全。可是在同等价位上，奔驰就真的要比宝马尊贵吗？沃尔沃就真的更安全吗？真要撞上了，开坦克你都不安全。但这就是定位的最大作用，它将你跟竞争对手隔离开来，将某个符号变成你的代名词，将你变成某一个领域的代言人。

所以，请大家反问自己一个问题，当客户想起你的时候，首先想到的到底是什么？是一个普通的加工制造厂？还是一个有研发实力的

技术导向型公司？是一个专注于服务领域的贸易公司？还是一个验货能力超强的采购第三方？

其次，我们要问自己，这个企业形象是不是我们刻意营造出来的？又或者说，这个结果是不是我们想要的？假如这个结果不是我们想要的，我们又应该怎么做从而扭转这个印象？尽管我之前说过，很多时候我们并不是定位而是被定位，也就是说我们说自己是什么并不重要，市场认为我们是什么才最关键。由此可见，一个精准且对我们有利的定位从来都不是顺其自然就能出来的，它需要我们去营造，营造一种主观和客观上的匹配。

最后，我们要问自己，客户对我们的这种印象，到底能够给我们带来什么？

就如同我提到的，我们展示给客户的只是一家普通的加工制造厂，那么我们的竞争对手就是其他的加工制造厂，谁的价格低客户就跟谁做，客户留给我们的利润就只是加工费而已。假如我们展示给客户的是一家专注于服务的贸易公司的话，那些在意供应商是不是工厂的客户自然就已经被我们过滤掉，而剩下的潜在客户，比较的自然是我们的核心竞争力能否满足他们的要求，以及我们是否比我们的竞争对手做得更好。

当然了，这个时候你可能会问，白白丢掉的那部分客户难道不会很可惜吗？

不可惜，因为定位的第一个法则就是：你永远无法满足所有的客户。

现在客户对于供应商的需求已经和过往不一样了，过往客户的需求可能仅仅只是找到供应商，而现在的需求已经变成了找到好供应商。

所以，在过去我们可以放一个产品在展会上就坐等订单上门，但现在我们得把这个产品做到极致才能够在同质化的浪潮中脱颖而出。在这个过程中，我们势必要牺牲掉那些和我们的核心竞争力不匹配的客户，而将所有的时间、精力、资源放到最重点的目标客户上，这就是定位的第一个法则。

总的来说，定位是一个通过界定竞争对手来明确自身优劣势，以核心竞争力持续满足特定客户的特定需求的过程。也就是我经常提到的四点，我是谁？客户是谁？客户的需求是什么？我的竞争对手是谁？

今天我们主要来讲第四点。

为什么定位需要通过界定竞争对手

1. 竞争对手是镜子

不管是企业还是个人，都不是独立存在的，都必须通过参照物才能明确自己的位置，而竞争对手就是最好的参照物。就如同我们照镜子才能知道自己到底长什么样，竞争对手其实就是镜子，他们的存在就是用来让我们剖析自身的。

2. 竞争对手是让客户最快记住我们的媒介

在我接触供应商的时候，我很喜欢问对方两个问题，第一他的主要竞争对手是谁，第二他和竞争对手相比如何。我问这两个问题的目的固然是为了了解供应链，但更主要的是，我想通过这两个问题来更好地理解供应商所处的位置。举个简单的例子，在空调行业，假如你的竞争对手是格力或者美的，那么即使我之前不认识你，我大概也知道了你和他们是处于同一个水平的，否则你也没有资格成为他们的竞争对手。

所以，在营销的领域就有一些公司通过营造自己的竞争对手是某些非常知名的公司让客户更快地记住自己，从而建立起自己的江湖地位。譬如"北乔峰，南慕容"这句话就是如此，乔峰几乎是一个神一般的存在，而慕容复虽然武功也挺高，但是和乔峰比起来完全不是一个档次的，但冠上了"北乔峰，南慕容"这句话，就显得他们俩好像是宿命之中的敌人似的。所以，竞争对手是个快速让客户记住我们的办法，尤其当我们的竞争对手是个很厉害的企业的时候。

3. 选错竞争对手，我们可能走错发展道路

有一句话是这么说的："劳斯莱斯的对手很有可能是其他的奢侈品，而非其他汽车品牌。"这句话我觉得非常有道理，举一个我实际经历过的例子。

好多年前我做了一个COB光源（光源的一种封装形式）项目。一开始，我们把竞争对手设定为其他的COB厂家，我们觉得自己哪方面都比别人做得出色，兴奋到不行。结果在市场推进的时候，我们发现自己错了，尽管相比其他的COB厂家我们确实有优势，可是在跟客户沟通的时候困难重重，因为那个时候的客户对于COB根本没有概念，又或者说根本就没有做好接受COB的准备，他们在做产品比对的时候，也根本不是拿我们和其他的COB厂家做对比，而是拿我们和他现在使用的SMD光源做对比。这个时候问题就来了，我们的优势客户暂时还看不见，但我们相比SMD的劣势却很明显，例如价格高、安装不便利，而我们在前期却没有针对这项对比做充分的准备，所以结果很明显，我们失败了。

这就是一个典型的选错竞争对手走错道路的例子。

4. 竞争对手的强弱决定了我们共同所处的品类是否具备做大的可能

竞争对手不一定是敌人。还是上文提到的光源产品，在这个场景里面，并不是公司与公司在竞争，而是品类与品类在竞争。那么这个时候最妥当的办法就不是由我一家公司去和市场硬碰硬，而应该是和其他COB厂家一起联合培育市场，让越来越多的客户接受COB，把我们这个共同的品类做大。

再例如变频空调，作为一个在空调行业奋斗了10余年的人来说，我知道变频空调是市场的趋势，可是用户并不知道。假如只靠我一家公司去培育市场，即使我再怎么吆喝也没有多少人听得见。但是还好格力从好多年前就开始向市场普及变频空调的好处，经过多年发展民众渐渐接受了变频空调，才让我们这些公司有了更大的发展空间。所以说，站在品类的角度，竞争对手是个非常重要的存在。

谁是我们的竞争对手

当我们知道了竞争对手的重要性之后，问题来了，究竟谁才是我们真正的竞争对手？

路虎和陆风不知道大家是否有印象，它们各有一款车，从外观看简直一模一样，但是请问，它们俩是不是竞争对手呢？肯定不是。路虎极光售价人民币50万元左右，陆风售价人民币十几万元，会买极光的人不会买陆风，会买陆风的人买不起极光，他们怎么可能是竞争对手？

所以，并不是你的产品和对方差不多，你们就是竞争对手，也并不是跟你同一个行业的商家，都是你的竞争对手。

实际上，竞争对手必须是在供应链的实力上与你差不多，且和你盯着同一批目标客户的公司。假如从客户价值的角度进行阐述，那么能够和你提供同等客户价值的公司，才是你的竞争对手。

大家应该知道，我们能够给客户提供的价值，可以从显性价值和隐性价值两个层面进行细分。

显性价值，包含了如下因素：

（1）商务能力；

（2）生产能力；

（3）产品水平；

（4）质量体系；

（5）技术实力；

（6）企业状况。

而隐性价值，则包含了如下的因素：

（1）品牌形象；

（2）服务水平；

（3）未来战略；

（4）价值观念；

（5）市场策略；

（6）发展潜力。

在特定市场和特定客户上，这12个方面，尤其是显性价值的6个方面，你和对方能够给客户提供的价值差不多，那对方就是你的竞争对手。只不过，我有两点需要强调。

（1）除非对方是业务覆盖全球的大型公司，否则你和它不一定在每个市场都是竞争对手。

举个例子，之前有一位门徒俱乐部的同学问过一个问题，说初创企业是要开发全球市场，还是单点爆破突击某一个市场？我当初的回答就是对于初创企业来说，开发全球市场是个"重要紧急"的问题，因为你需要订单活下去，而单点爆破却是一个"重要不紧急"的战略问题，这关乎你未来的生死。假如从定位的角度来解释的话，那就是单点爆破有助于回避某些竞争对手的威胁，在市场深耕细作以达到领导市场的目的。

（2）还有一个概念叫作"非补偿性决策法则"，意思是假如客户有的需求你无法满足的话，其他方面你做得再好也是没用的。例如对于我个人来说，苹果的iOS系统就是没有办法被其他因素替代的存在，安卓系统的其他手机做得再好再便宜，对于我来说也没有办法形成购买决策。这个概念的意思是，客户硬性要求供应商必须是工厂而你却是一个贸易公司，那么在这种情况下，你和工厂就不是竞争对手，你们完全形成不了竞争关系。

举个加深大家理解的例子。有位门徒俱乐部的成员曾经说过，她家的产品相比台湾某公司的产品价格足足低了25%，而且台湾公司的产品也是在中国大陆生产的，但她就是没办法把客户做下来。原因很简单，因为台湾公司的产品就是客户的非补偿性决策点，即使他们知道台湾公司的产品是在中国大陆生产的，他们也深信台湾公司的质量控制标准要比中国大陆公司更高，即使这不一定是真的。所以，这个时候且不说我们的价格比别人低25%，即使是低50%也不一定有用。因此在这个案例上，我们的目标客户就不是那些非台湾公司产品不买

的客户,而应该是那些已经接受了中国大陆产品的客户。我们的竞争对手也不是台湾公司,而是其他的中国大陆的公司。只有随着时代的发展,越来越多的客户接受了中国大陆的产品,而且中国大陆的产品渐渐可以和台湾产品分庭抗礼的时候,我们的竞争对手,才会转移到台湾公司的身上。

所以,假如我们没有选对竞争对手的话,所做的工作很可能永远是无用功。

界定了竞争对手之后,我们应该怎么做?和他们正面厮杀吗?

其实不是的,确定竞争对手只是为了明确我们的位置,但即使我们竞争同一批目标客户,客户的需求点也是多种多样的。我们要做的,其实是避开竞争对手的核心优势,根据我们的实际情况去满足客户暂时未能被竞争对手满足的需求。

之前在参加外贸G友团的顺德沙龙时,我提出了一个概念:"最大优势里的固有劣势",这是什么意思呢?简单来说就是找弱点,尤其是对方因为最大优势的存在,而很难甚至无法改变的弱点。举个简单的例子,奔驰汽车的最大优势是舒适豪华,假如宝马也去主推舒适豪华的话,其意义并不大,因为奔驰已经成为舒适豪华的代名词。因此在思来想去之后,宝马选择了"驾驶机器"这个定位,去满足同样消费力的客户里,更加重视驾驶感觉的人。这个定位其实就是奔驰最大优势里的固有劣势,因为假如奔驰也想追求驾驶感,就意味着它放弃了舒适豪华这个最大优势。

那么,最大优势里的固有劣势这个概念,在外贸领域应该怎么应用呢?我们来看一个案例。

你的竞争对手是一家在业内奋斗了多年的公司,由于他们的产品基本上都是标准品,质量控制得非常稳定,在业内口碑很好,所以价格做得高利润也高。这个时候问题来了,我们要怎么切入呢?

我相信,许多人的第一选择是从价格入手,认为对方的价格做得高,那就应该采取低价竞争策略。其实,这种做法恰好和我们刚刚所说的"最大优势里的固有劣势"是相悖的,因为价格只是对方和你战术层面上的对立点,并非很难或者不能调整的。就好像在空调行业,格力和美的的价格也高,但假如你只期望利用价格这一点与其竞争,一旦他们降价,你立马就得被淘汰。

此外,请大家关注案例里的一个词"标准品"。假如经过市场调查,我们发现定制化已经慢慢地成为市场的趋势,那么我们是不是就可以从非标准的定制品来入手呢?既然对方的标准品质量稳定是来源于这一条件,这是不是意味着标准品就是对方很难在短时间内改变的固有劣势呢?

所以,请大家以后在分析竞争对手的时候,把"最大优势里的固有劣势"也给增加进去。

总结一下本节的内容:

(1)如果我们的企业不是工厂,就不要假装是工厂,这个定位会让我们陷进不良的竞争当中;

(2)所谓定位,就是确定我们的位置,其第一法则是我们永远无法满足所有的客户,因此,我们所有的资源都要放到目标客户上,这样才是最大化利用资源;

(3)选择竞争对手,是最好的定位方法之一。

第四节　国际贸易中鲜少有人使用的"口碑营销"

我年轻的时候曾经有过一个这样的想法。我觉得阿里巴巴对于买家来说，只能够解决供应商在哪儿的问题，而没有办法解决供应商好不好的问题，即使是所谓的"Gold Supplier（金牌供应商）"，也只不过表明这个供应商付了多年的钱给阿里巴巴罢了，并不能说明这家公司的质量、服务、技术、价值观等情况。因此我就想，有没有可能把零售电商的用户评价体系借用到 B2B 平台呢？这样的话，作为买家我对于这家供应商的好坏情况，心里不就有谱了吗？我当年的这种想法，其实就是咱们这一节所要讲的"口碑营销"的雏形。

什么是口碑营销

传统的广告模式是"漏斗型"的，它遵循的是这样的一个流程：从吸引目标客户的关注，到引起对方的兴趣，到激发对方的渴望，再到加深对方的记忆，最终形成购买。在这个流程当中，越往下一阶段推进人数会越少，假如一开始辐射到的是 100 人的话，那最终形成购买的绝对不可能是 101 人。

在口碑营销的场景下，它的模型是"沙漏型"的，也就是在关注、兴趣、渴望、记忆和购买之后，多了一个"分享与传播"的环节，也正是因为这个环节，让原本处于漏斗底部的尖尖出现扩张，最终形成了一个沙漏的形状。

所谓的口碑营销，实际上指的是以客户/用户的口碑传播为目的而

策划的一系列营销推广活动,其特点是成功率高、可信度强。它的目的有两个:

(1) 降低潜在客户的信任门槛;

(2) 降低潜在客户的流量成本。

拿微商来做例子就很清楚了。一个你认识的人,跟一个你完全不认识的人,他们分别跟你说某某产品的效果好,你会相信哪一个?拿自己的钱去做广告跟用户们自发奔走相告,哪种方式获取新客户的成本更高一些?我想答案不言而喻。

但是,这种听上去这么高效的营销方式,为什么在国际贸易的场景下很少有人使用呢?准确来说,应该说是在传统 B2B,尤其是 OEM 的场景下很少有人使用。原因很简单,假如你是客户,你会满大街跟别人说你是从哪个供应商采购原材料的吗?

所以,对于传统代工的外贸企业来说很难形成市场端的沉淀,即使是像我老东家那样的中国 500 强企业,攻克每一个客户都必须拿出 100% 的力气,都必须老老实实地去取得对方的认可,甚至每获取一个新客户都必须付出同等的流量成本。

实际上,在国际贸易的环境下,应用口碑营销的场景主要有以下几种:

(1) B2C 的跨境电商,通过社交媒体、评价系统、网红推荐等方式增强潜在客户的信任感以获取新客户;

(2) B2B 的品牌代理,你的代理商自发地把你的品牌扩散出去。很多时候某个潜在客户突然跑过来说要做我们的代理,基本上就是我们的海外代理商的功劳;

(3) 像我们这样以服务为主的公司,客户与客户之间没有什么利益冲突，自然会互相介绍，我公司有不少客户就是现有客户介绍来的。

传统 OEM 场景下，如何应用口碑营销

1. 服务好现有客户

好口碑不一定会传播，但坏口碑一定会传播，直到现在我还记得 2005 年老东家的产品在意大利市场出现过一次质量问题，结果该公司产品在整个意大利市场的销量低迷了三年。所以服务好现有客户是一切的基础，除了避免坏口碑的考虑之外，还有一点，我们永远也不知道未来的某一天客户公司里会不会突然有个人辞职创业然后找我们当供应商，又或者我们辞职之后客户邀请我们开始一段新的合作，对吧？

2. 做好被动的口碑营销

什么是被动的口碑营销？举几个简单的例子。

（1）将典型的客户案例展示在我们的网站上，或者放在向客户介绍自己的 PPT 上，这是一个非常强大的武器，也是最容易执行的切入点。我有一个客户在见供应商的时候，最常做的动作就是把电脑打开，然后一张图一张图地向供应商展示——"这是大众汽车的仓库，照明是我们做的""这是可口可乐的仓库，照明是我们负责的""这是墨西哥最大的加油站，照明是我们的项目"，等等，说得供应商目瞪口呆。

（2）在自己的官方网站设置一个评价或者评分系统，并且将结果展示出来，邀请客户去评价或者评分，告诉客户所有的结果都会直达老板的个人邮箱，而且所有的结果都会公开展示到网站，确保引起客户足够的重视。相比纯粹地给客户发意见收集表，这种做法更加容易吸引客户的反馈，而这些反馈也势必会给其他潜在客户带去参考价值。

3. 营造主动口碑营销的环境

举个简单的例子,过往有不少人问我:"A 国家的客户想要我们已成交客户的联系方式,说想跟对方了解一下情况,我到底给不给他?"我的观点是给,不过最好是给他 B 国家客户的联系方式,双方没有利益冲突,进行一些信息交换对任何一方都有好处。类似这样的做法,就是线上营造主动口碑营销环境的方法。至于有一定实力的公司,则可以考虑定期(例如广交会期间)举办一些经销商大会、代理商酒会等,让大家有一个机会可以相互交流一下,这是线下营造主动口碑营销环境的办法。

总而言之,除非你公司真的不好,否则两个相互之间没有利益关系的客户的交流,对于你来说只有好处没有坏处。

4. 以 C 端倒逼 B 端

有实力做 B2C 的人,可以考虑将 C 端作为一个费用部门而不是营利部门,以扩大公司在海外市场的影响力,从而吸引海外 B 端客户上门。对于不适合从事 B2C 的公司来说,则可以考虑利用 Facebook 和 LinkedIn 这样的社交媒体更好地展示自己的公司,和已成交跟未成交的客户互动等。毕竟即使是 B 端客户,他们也都会有自己的社交媒体账号,甚至他们的公司也可能在社交媒体开账号。另外,我为什么说不管是 B2C 还是社交媒体平台,都不是以营利为目的呢?原因很简单,目的不同,方法也就不同,以获取直接订单为目的的东西就好像我们日常见到的微商,不以获取直接订单,以扩大影响力为目的的东西就好像是外贸 G 友团、门徒俱乐部以及我的公众号,在我们日常的产出中,你看不到多少广告,更多的是一些对客户有益的内容。

传统外贸场景下,买家和卖家之间是买卖的利益关系,对方为了

保护自己,自然会竭力不让其他人知道自己的供应商是谁。但在互联网环境下,本来信息就很难做到密封式保护,既然这样的话,我们倒不如尝试相反的道路。我们认认真真在市场里选择长期合作伙伴,互相之间形成一种战略上的绑定,对方宣称自己在中国有战略合作的工厂,你宣称自己在各个市场有战略合作的经销商,这实际上就是一种口碑营销上的共赢。

总而言之,目前口碑营销在国际贸易领域是一种很少有公司使用的营销推广方式,建议大家好好琢磨,结合自己公司的实际情况看是否有可以借鉴的地方。

▶▶思考题

　　请根据公司的实际情况分析你要如何从被动和主动口碑营销的角度寻求切入口。
　　建议你在继续阅读下去之前,先把书本合上,思考 5 分钟。

国际贸易的推广方式,一直存在着单调和传统的现状,例如一谈线上推广就是 B2B 平台,一说线下推广就是展会,区别只在于到底是选择阿里巴巴还是中国制造网,是国内展会还是国外展会。

我并不是说这种传统的做法没有意义,在"销售额 = 流量 × 转化率 × 客单价 × 数量"的黄金公式下,它能够良好地解决流量的问题。只不过当越来越多的人冲进某一个推广渠道之后,流量红利自然会越来越少,最终当投资回报率不足以支撑推广行为的时候,你最终的做法只能是放弃,然后继续去选择新的推广方式。这种做法在之前的课程中,我称之为"外挂式推广",它最大的特点就是你必须不断地输血，不停地投入，一旦停止投入，回报瞬间归零。

口碑营销则是一种"内功式推广"，意思就是说，它会逐步形成沉淀，未来某一天即使我们停止了推广的动作，它依然会持续生效。

从这个角度出发，我们在选择推广渠道的时候，是否具备持续性，边际成本是否可以逐步降低，就应该是重点考虑的东西。

回到思考题：请根据公司的实际情况分析你要如何从被动和主动口碑营销的角度寻求切入口。

首先，在被动的层面，我认为大家应该做一份带有客户案例的PPT，这既是一种我们刻意营造的"幸存者偏差"，同时也是把客户拉来给我们做一个无形的口碑营销，"看，这么多客户选择我，你也选择我一定没错"，而且当某一天你的客户案例越来越多的时候，你甚至可以做到随便某个客户的案例都可以拿来给其他客户的实际工作提供借鉴帮助。例如我公司最近就在做这样一件事情，把 A 客户的成功经历应用到一个刚刚起步的 B 客户身上。

其次，在主动的层面，我们可以刻意地在每个市场培育一个口碑大使，但凡有新客户来了，我们都让他联系我们的口碑大使，或者让我们的口碑大使去联系对方，尔后给予这个口碑大使精神上的鼓励（例如颁布一个勋章奖杯诸如此类）或者物质上的鼓励（例如给予提成），这些都可以根据实际的情况来操作。

总而言之，所谓口碑营销，就是让我们的客户成为传播的节点，让本来漏斗形的营销流程变成沙漏形，更加注重可持续的造血而不是一味投入的输血。但是也请大家注意，国际贸易 B2B 领域的口碑营销并不适合过往没有任何沉淀的企业。对于新创立的企业来说，最好还是老老实实地走传统推广渠道，直接从流量做起会更好。

第四章　突出重围的营销术

第一节　中小企业唯一的出路："小众市场"

大家都听说过二八定律，它在外贸中的意思就是80%的利润来自20%的产品，这样的话是不是意味着我们有80%的产品意义不是很大，又或者说投资回报率不高呢？抱着这一种思想，我的老东家在2012年，大刀阔斧地砍掉了绝大多数个性化的产品，只保留最基本的几个标准型号的产品，意图以此来实现生产效率的最大化和成本的最小化。

理论上来说，这种做法没有错，可是实际上在执行的时候，公司却出现了非常大的问题，原因有两个。

（1）这种思维是以工厂为导向，而不是以客户为导向的。在当时产品同质化非常严重的情况下，客户简直恨不得连螺丝钉都做得跟别人不一样，你强硬要求客户购买的所有的产品款式设计都和别人一模一样，客户还怎么卖？

（2）以公司当时的市场占有率来说他最应该切入的其实是以个性化产品满足个性化客户的小众市场之路，而不是与大众市场的巨头进行标准化的盲目竞争。

小众市场也就是长尾市场，举两个大家都熟悉的例子。第一个：谷歌。大家认为谷歌这样的巨头面向的是大众市场还是小众市场？答案是小众市场，谷歌其实就是靠收集广告商看不上的小企业以及个人的需求成长起来的。

第二个例子：阿里巴巴国际站。跟谷歌同样的道理，阿里巴巴也是以过往去不了展会租不起摊位的中小企业的需求作为切入点，才一步一步走到今天。

经过了这么多年的渲染，我相信小众市场对于大家的重要性已经毋庸置疑，因此咱们今天最关键的是要解决如下几个问题。

如何判断小众市场是否形成

并不是因为我们在大众市场实在吃不饱了，只能选择小众市场所以就义无反顾地去做。一个小众市场的形成，有两个重要的前提，缺失任何一个你都只能老老实实地继续去硬闯你的大众市场。

1. 原有边际成本随着时代的发展与工具的进步正在逐步降低

在过往的时代，满足个性化需求是一件很困难的事情。举个简单的例子，假设我们的客户是当地市场的一个零售商，他的仓库体积是有限的，他的货架数量也是有限的，那么你觉得他更愿意进口那些一

天就能卖出去的货物，还是进口那些要三个月才能卖出去的货物呢？答案不言而喻，即使那些需要存放三个月的货物可以提高价格来卖，客户也会考虑所提高的价格市场到底能不能接受。

因此，除非你卖的是劳斯莱斯或者劳力士这种超高附加值的奢侈品，否则就只有当产品的边际成本小到一定程度的时候，小众市场才有形成的可能。譬如我们现在有许多海外客户已经没有实体店铺而改为经营网络店铺了，甚至还有客户跟我们做 drop shipping，意思就是客户只负责拿单不负责囤货，货物囤在我们的仓库且由我们直接发货给客户的下线，这个时候，客户上架新产品的边际成本是非常低的，那么他自然也就可以去满足原本满足不了的个性化需求。

这是我们判断小众市场形成的第一个大前提。

2. 信息不对称的消除让小众需求能凝聚成为一个"大众需求"

小众市场是否意味着小市场呢？当然不是。

过往由于信息的不对称，每个个性需求之间都是相对独立的，没有办法形成足够吸引人的规模。但是，随着互联网的发展，这种信息不对称的壁垒被打破了，众多的小众需求有可能联合起来形成一个庞大的足以和畅销产品抗衡的需求。举个简单的例子，假设墨西哥某个特殊需求只占市场总额的1%，中国厂家看不上，客户也不好意思给中国厂家发询盘。后来一个偶然的机会，客户在社交媒体上发现了巴西、阿根廷、委内瑞拉、乌拉圭等国家也有类似的需求，那么众多的1%联合起来可能就是一个庞大的数字了，于是，他就成立了一家进出口公司，专门从中国购买此类产品然后销售到各个国家。

所以，小众市场并不意味着体量小，而只是意味着大众市场上的巨头暂时看不上它，又或者大众市场是100家公司争夺100万元的生意,而小众市场是 5 家公司争夺 10 万元的生意,绝对规模小,但相对规模大。

我们要如何切入小众市场

当我们判断小众市场确实存在后,接下来要研究如何切入这个小众市场了。

1. 先做好定位

定位包含了四个问题:我是谁?客户是谁?客户需求是什么?我的竞争对手是谁?

关于定位的详细阐述,我们在接下来的章节再行展开。这里需要提醒大家的是,与其说定位是我要做什么,倒不如说是我不做什么,假如你已经明确要进入某一个小众市场,就一定要忍受得了来自大众市场的诱惑。

2. 长尾爆款战略,不做第一,就做唯一

定位有一个衍生的概念叫作"品类战略",长尾爆款战略实际上就等同于品类战略里的品类第一。它的意思就是说:就算我是长尾,也要做长尾里最厉害的那一个。举个最简单的例子,特种照明是照明行业的长尾,那我就做特种照明里最厉害的那家公司,甚至特种照明里做植物生长灯、水族馆灯里最厉害的那家公司。

怎么做到这一点?

对于中小企业来说要从如下两方面入手。

(1)要找到足够细小的长尾,并且这个长尾是巨头们不屑于进入的,譬如能只做植物生长灯的,就不要妄图切入整个特种照明。当然

了，这么做的前提是这个细小的长尾拥有足够你生存和发展的规模。

（2）聚焦自己的长处，而不妄图弥补自己的短处。举个简单的例子，有些人贸易公司做得好好的突然干起了生产，这其实就是一种不聚焦，将资源投放到自己不擅长的领域里。同样道理，假如你公司的长处本来就是业务员的主动开发，那么你与其去搞什么网站、谷歌广告、社交媒体广告，倒不如把主动开发客户做到极致。

小众市场的概念对于个人职业生涯其实也是有用的。举个简单的例子，在外贸领域，销售员肯定属于主流人才，像营销、运营、策划等人员属于长尾，所以也就有许多人认为这些岗位不容易找到工作，硬生生挤进了销售领域。从本文的角度来看，这样的做法并不可取，与其成为外贸销售领域的三流人才，不如争取成为外贸运营领域的一流人才。

> ▶▶ 思考题
>
> 你现在正处于大众市场还是小众市场？假如是大众市场，是否有可能通过营销定位，让自己切入某个相对小众的市场？假如已经在小众市场，你要如何做到品类第一？且做到第一之后，你该怎么办？
>
> 建议你在继续阅读下去之前，先把书本合上，思考 5 分钟。

创造品类，打造小众市场

2016 年朱子斌 Ben 在门徒俱乐部的专业课上讲了小众市场和品类战略的主题，他讲"品类"这个词时，精彩绝伦简直让人拍案叫绝。

到底什么是品类呢？

首先我们应该知道，它指的并不是传统意义上的产品的分类，例如空调这个大类下面，有分体空调、移动空调、窗机空调、风管空调等，这些其实都是传统意义上产品的分类而已。

营销层面上的品类，指的是客户心智层面或者市场层面的分类，本质上它是一种需求的导向。例如宝马在大家的认知中是"驾驶机器"，奔驰是"尊贵豪华"，沃尔沃是"安全可靠"，这种分类最大的意义，就是形成自己与竞争对手的区隔。即使大家的产品表面规格看起来差不多，在客户的眼中也会觉得"这两者基本没有可比性"，例如门徒俱乐部和其他的培训机构，大家所处的品类就是不一样的。

这就意味着，我们与其单纯地跟巨头们在同一个品类厮杀，还不如自己去创造一个新的品类。

难吗？说难也难，说不难也不难，这实际上就是一个发现小众市场的过程。

举个大家日常工作中经常碰到的例子。如果大家做过阿里巴巴，想必会经常遇到那些询盘根本凑不足 MOQ（Minimum Order Quantity，最小订单量），小到几乎等同于批发的客户，他们就是一个小众市场。过往他们只能够在当地市场购买标准化的产品，现在不管是由于中国供应商放低了姿态，还是跨境电商的发展，还是中间商实在赚得太多，他们终于鼓起勇气来直接跟中国供应商做生意，这实际上就是一种小众需求。至于我们要不要去满足这种小众需求，考察点不外乎也就是以下两点。

（1）这个小众需求是否能够带来足够的利益，例如原本我卖给批量中间商，每个产品只能挣人民币 1 元钱，现在卖给终端客户，每个

产品能够挣人民币 2 元钱,计算了相关费用之后我们大致可以衡量一下值还是不值。

(2)这个小众需求是否有可能联合起来成为一个让人满意的数量,跨境电商本质上就是联合小众需求。

从这个角度出发,其实难的并不是发现小众需求,客户和市场的需求总是多样化的,不可能标准化的产品以及服务就能够让所有人满意,小众需求永远都存在。难的是,这个小众需求是否有可能成为一个小众市场,客户是否会为了这个非标准的需求去支付你心目中的价码。

举个简单的例子,知识付费,这就是一个典型的小众市场,它和我们的科普教育(例如上大学)或者职业教育(例如培训班)不一样。我们付钱去上大学,其实并不是为了知识本身,为的可能是一张文凭和一段经历;职业教育也并不是知识付费,人们付费的其实是技能。所以,人们对于知识的需求是存在的,可是人们愿意花费的价码有多高呢?根据市场上这么多知识付费机构的定价我们基本上可以知道,价格不超过 200 元,毕竟在人们的认知中,为知识付费顶多也只能够解决进步焦虑,而很难真正解决一些实际问题。这也意味着,假如没有互联网去把知识付费的边际成本降低,大家根本就赚不了钱。

那么这个时候最关键的问题是:我们到底要如何找到适合自己的小众市场?

最简单的办法,就是在大品类中找细分的应用场景,当然了,前提是必须从市场和客户的实际需求出发。

举个简单的例子,空调。

日常空调的作用,就是制冷和制热,应用场景不外乎就是家庭、办公室、商场等地点，那么我们就来思考下面的几个问题。

（1）除了这些普通的场景，还有其他的应用场景吗？例如医院、体育馆，这些其他的场景是否对产品有更加严格的要求，例如温度控制？杀菌消毒？

（2）除了室内的应用场景，有没有可能做成室外的？

（3）除了固定位置的场景之外还有没有可能做成移动的或便携的？

（4）除了制冷制热之外还有哪些功能是市场上同时需要但当前产品无法满足的？例如抽湿、加湿、消毒、除甲醛等功能。

（5）假如砍掉了制冷制热的核心功能，这个产品我们还可以怎么用？

通过对以上问题的思考，我们总能够找出不同于大众的需求，之后我们再去走访和调查，例如和客户进行沟通，了解市场对于这个小众需求的欲望到底有多强烈，愿意付多少钱。这样我们基本上就能够把小众市场的模型给做出来了。

第二节　同质化竞争的今天，要如何杀出一条血路

总有人问我一个这样的问题："丹牛哥，我们卖的是地摊货，只能拼价格怎么办？"

在我看来，只要用心去挖掘，没有真正意义上的地摊货，你总能够找到自己的产品跟竞争对手的产品不一样的差异点，关键就在于，你是否能够彻底转变自己的思路。

"我们在卖的并不是产品而是信息，产品只不过是实现某种目的的

载体而已。"假如你暂时无法理解这一句话，那么请看接下来的阐述。

任何脱离价值谈价格的行为，都是痴人说梦

10 000 元左右的手机，算不算贵？当然贵，然而这个价格放到了 iPhone 身上就有大把人争相购买，可一旦这个价格放到了锤子手机身上，结果可想而知。供应商有时候会苦恼为什么我的产品就是卖不出好价格，但是有一点不知道大家想过没有：只有让客户在心理上认同了我们产品的"贵"，才有可能实现销售价格上的"贵"。

举例来说，当客户要去采购一样东西的时候，他心里都有一个预期，即通过这次采购，他到底想达到什么样的目的。

对于 B2B 客户来说，这个目的可以是更大的利润，可以是比现有产品更能满足市场需求的东西，可以是比现有供应商提供更多支持的公司。这个目的，我们称之为预期价值。我们常常说，生意其实就是资源的互相交换，对于客户来说他想收获什么东西自然也就得付出什么代价，通常情况下这个代价就体现为客户的采购价格。

作为一个商人，要做的事情自然就是尽量地提高他所能获得的价值，同时减少他付出的采购成本。而价值和采购成本之间的差额，在经济学上就叫作"消费者剩余"。

但是有三点是我们必须注意的。

1. 客户的预期价值，并不是永恒不变的

在面对不同的供应商时，客户的预期价值会不同，甚至，在对待同一家供应商时，客户的预期值也会有时低，有时高。就例如我要达到"吃饱"这个目的，我可以去路边摊随便吃几个煎饼果子，也可以

去一家米其林餐厅吃顿大餐,但是它们产生的价值肯定不一样。

2. 客户的预期价值,是有条绝对底线的

当我们提供的价值低于客户这条绝对底线时,意味着客户没有办法达到最低的目标,那他宁可不做这笔生意。就好像我可以去路边摊吃煎饼果子,但吃树叶我就绝对不干了,是吧?

3. 客户的预期价值,并不一定清晰存在

客户对于他能够得到什么,尤其是他跟我们采购能够得到什么,有时候并不明确。就好像我跟媳妇每次出去逛街时,讨论最多的一个话题就是晚上吃什么,结果讨论来讨论去没有结果,最终还是吃了肯德基。你可以试想一下,假如我是客户,我现在正在和 A 供应商采购,也就是我现在正在吃肯德基,你突然之间横插一刀,说:"来来来我请你吃西餐,吃牛排,便宜,好吃!"理论上来说,西餐肯定比肯德基好吃,但关键是我根本不认识你,对你不信任,于是我想了一下,说算了吧,我还是吃肯德基吧。

因此,对于销售员来说,建立信任才是最关键的第一步,否则你说什么也不管用,只有在建立了信任之后,才轮到建立预期价值。

基于预期价值和采购价格这两条线,供应商要做的就是如下这两件事情:

(1)提高客户的预期价值;

(2)降低客户的采购价格。

但是,客户的预期价值并不一定清晰存在,也就是说,在明确客户对我们的预期价值之前,我们再怎么降低采购价格都是没有意义的。所以,这也是为什么我说,脱离价值说价格,都是痴人说梦,在客户明白向你采购能够收获怎样的价值之前,再低的价格对他也是毫无意

义的。

关于预期价值,我接下来用一个小故事帮助大家加深理解。

俄罗斯人老 A 开了一家复印店,定价非常便宜,比市区其他地方的复印店至少便宜了 30%。

老 A 心里非常得意,觉得这么有竞争力的价格一定会让自家的店客似云来,然而实际情况却和预想中的完全不一样。

许多进店的人都会搓着手掌笑着说:"老 A 啊,我可是要复印 50 张的大客户呢,打点折吧。"

老 A 心想:"打折?我把你打骨折还差不多!比别人便宜了整整 30%,还给什么折扣!"

于是老 A 黑着脸逐个儿地拒绝了客户。

客人们也生气了,纷纷换别家复印!

于是老 A 的生意每况愈下,这个时候他也着急啊,他心想:"哎!肯定是没折扣把客人们给激怒了。"

于是,他开始改变策略,初始定价跟其他人完全一样,但是打印 10 张以上的打折 10%。

奇怪的是,自从新的定价出来之后,老 A 的生意逐渐火了起来,腰包鼓了,肚子也大了。

为什么故事里的客人一开始会愤怒地离开?

原因很简单。假如不是因为老 A 在拒绝降价时候的态度问题,那唯一的答案就是老 A 并没有帮助客人建立起一个预期价值,也就是说,客人们根本不知道,或者不相信他的价格是全市最低。那么在这种情况之下,觉得自己不占便宜的客人肯定要愤怒地出走了。只不过当他们开了 10 公里车去到另外一家复印店时,才发现自己错了!但问题是，错了还能怎么办？难道还开 10 公里车回去啊？那多没面子，而且，不过就是复印而已，贵点就贵点吧！

等到下一次还需要复印的时候，客人们觍着脸走进老 A 的复印店，发现老 A 居然涨价了。但还好复印 10 张有优惠，至少还是比别人便宜。从此他们成了老 A 家的常客。

通过这个小故事我想说明的是如下两点。

（1）预期价值比实际价格更重要。我们应该帮助客户建立对于我们的价值预期，也就是帮助客户明确他从我们这里采购，到底能够获得什么。要做到这一点，取得客户信任是最重要的一步，否则即使我们真的能够给客户创造价值，他也不会相信我们。例如故事中的老 A，假如他能够在一开始就让客户知道或者相信他的价格在全市已经最低，那再傻的客人也不会跑。

（2）让友商替你教育客户是个很常用的策略，只有被我们的竞争对手"折磨"过的客户，才会更加珍惜我们。当我们的客户想要离开的时候，让他走，别强求，只要自身的优势依然保持，他迟早会回来的。

价格由什么决定

当我们知道价格必须绑定价值才有存在意义之后，我们来讨论另外一个问题，价格是由谁决定，或者说是由什么决定的？

价格是由买家决定的吗？例如根据买家的成本结构，他只能买这个价格？

价格是由卖家决定的吗？例如根据卖家的成本结构，他只能卖这个价格？

又或者，价格是由价值决定的？毕竟价格是价值的货币体现。

但如上说法其实都不对。

首先，价格不是由买方决定的。否则你跑去人家小卖部，告诉他"我决定了，一元钱买你一个大西瓜"，看人家小卖部阿姨会不会把你打出去。

其次，价格不是由卖方决定的。虽然说很多时候是由卖方进行报价，但这不是一种决定，而是一种宣告。

再次，价格也不单纯由价值决定。就拿外贸G友团每年一次的年会来说，我们分享的内容肯定并不只值400元，对吧？

那么价格到底由什么决定？

价格其实是由市场决定的，是市场上所有人的一个共同决定。举个简单的例子，当我宣布外贸G友团的年会价格从原本的400元降到10元，而且不再限制每个人只能报一次名，是不是意味着每个人就一定能够花10元钱来参加年会呢？不一定，假如有人能够看到这场沙龙在市场里面的价值并不是10元而是400元，那么他就会一个人买光所有的报名名额，然后到市场上以400元的价格卖给大家。这种人我们称之为黄牛，而黄牛的存在其实就是在平衡供需双方之间的价值不对称。

过往市场上存在的贸易公司、中间商、销售代理等，他们实际上充当的就是黄牛的角色。而他们的逐渐消失，关键不在于工厂直接找到了客户，或者客户直接找到了工厂，而是在于客户和工厂之间价值不对称的消亡。例如工厂过往只需要10元钱就能吃饱，现在必须得50元钱，过往客户150元都能下单，但现在必须得80元才能下单，行业的成熟和发展，势必会带来这种不对称的减少，以及整个交易链条的缩短，从而大大减少"搬运"公司的生存空间。

说到不对称，我相信你一定会想到的词是"信息不对称"。

我曾经在朋友圈看过这样一句话："以前我还能够靠着信息不对称在阿里巴巴出一些小单，但现在阿里巴巴上的供应商越来越多，单越来越难出了。"

首先，我赞同现在阿里巴巴是越来越难出单了，但关键的原因不在于客户能够找到的供应商越来越多，而在于客户在阿里巴巴上找到的供应商几乎每一个都是一样的。做着一样的产品，报着一样的价格，这种同质化，你说客户选你还是选他有什么区别？在这种同质化的境况下，客户不比价格能够比什么？同质化，才是我们现在越来越难出单的根本原因。要知道不管是阿里巴巴还是谷歌，其实都只是一个获取信息的渠道而已，它们对于成交与否并不起决定性作用。假如获取信息越来越难，越来越贵，那么我们的重点就要放在自身上。假如我们已经不可能再靠信息不对称挣钱，那我们唯一可以依靠的，就只有价值不对称。

什么是价值不对称

价值不对称的含义是同一样东西的价值，你有他没有，他有你没有，或者其价值对于双方的意义是不一样的，这就是不对称。应用到我们的实际工作中，那就是如下两点：

（1）当我为某个产品的额外价值付出的成本小于其对客户带来的额外效应时，价值不对称产生；

（2）当我给客户带来的额外效应大于竞争对手所能带来的额外效应时，价值不对称产生。

信息不对称和价值不对称的区别到底在什么地方？

信息不对称，咱们来举一个简单的例子，假设你我是情侣，我没有谈过恋爱，你已经谈过十次恋爱。那么尽管你很矫情，使劲地矫情，但因为我没有谈过恋爱，我以为全天下的女人都是一样的，我觉得即使我再换一个女朋友也没有任何的区别，所以我就忍了，这个叫信息不对称。而价值不对称，则是我知道你很矫情，我也知道其他的女人不这样，但是我爱你，所以我依然选择了和你在一起。

再举一个贸易领域的例子。

例如你的产品成本是人民币 10 元钱，平时你都是卖人民币 20 元，然而有一天你碰到了一个"水鱼"买家，他根本不懂你这个产品也不懂供应链，这个时候你叫价人民币 50 元他都购买了，多出来的这 30 元额外利润，我们可以称之为"信息租金"，它就是这个买家因为信息不对称而不得不支付的成本。然而随着市场经济的发展，再迟钝的买家也会迟早了解到你的成本其实也就人民币 10 元钱，你卖给其他客户是人民币 20 元，而你的竞争对手们在卖的价格也就是 15 元，你说他现在还会继续用人民币 50 元和你成交吗？

而价值不对称，则是客户知道你的产品成本是人民币 10 元钱，你竞争对手的产品成本是人民币 5 元钱，但是假如他采购你的产品，他可以卖人民币 100 元，采购你竞争对手的产品，他只能卖人民币 50 元，那么在极端模型条件下，只要你和竞争对手的报价相差在人民币 50 元钱以内，他都会倾向于向你购买，对吗？

这个就是信息不对称和价值不对称的区别。

在过往的年代，客户不懂中国，不懂供应链，找不到其他供应商，那么我们可以利用信息不对称赚钱，但现在情况已经完全不一样了，说起产品，说起中国，客户可能比你还了解。许多干外贸的同学顶多也就工作了十余年，但是我们的客户可能跟中国公司做生意都已经几十年了，那么这个时候，单纯指望瞒来骗去达成合作已经完全不可能了，他知道你的产品处于什么样的价格水平，假如你不能够赋予产品额外的价值，客户凭什么跟你买而不跟其他人买？交易本来就是拿对自己价值低的东西去换取对自己价值高的东西。例如，我公司做采购代理，实际上就是拿我们的服务和劳动去换取金钱，而客户虽然付出了这部分金钱，却能够将节省下来的时间和精力放在对他更有价值的市场和销售上，这个就是价值交换。

综上所述，对于我们来说，在价值不对称理论下我们要做的事情，就是用最小的额外付出去实现最大的客户价值。

怎么做到这一点？让我们接着往下看。

重视营销，专注做差异化品类

许多外贸企业都是重销售轻营销的，例如公司的 10 个员工里面可能就有 8 个是销售岗，这种模式其实是有点危险的，因为这意味着很多人可能只是在做着低级或者雷同的工作。假设拿下一个客户需要十分力气，一个业务员能够出三分力气，但这并不意味着我们上去 4 个业务员就能够把客户拿下来。外贸发展到今天，单纯靠人力，靠人海战术已经变得非常吃力，在客户对我们整个企业没有多少认可度的前提下，销售人员做的许多工作基本上就等于无用功，因为客户根本就

不信任我们,对我们没有预期价值,这个时候他唯一能看的只有价格。

因此,把营销的理念引进到企业就非常重要,在客户和我们正式接触之前,我们就想办法把我们的定位、形象、优势和特点植入进客户的大脑,并塑造对方对我们的预期价值,我们自然也就掌握了议价的权力。

那么到底什么是营销?

在网络上有这么一个段子。男生对女生说:"我是最棒的,我保证让你幸福,跟我好吧。"这是推销。男生对女生说:"我老爹有3处房子,跟我好,以后都是你的。"这是促销。男生根本不对女生表白,但女生被男生的气质和风度所迷倒,这是营销。女生不认识男生,但她的所有朋友都对那个男生夸赞不已,这是品牌。

然而绝大多数人将营销和推广混淆在一起了,大家可能觉得我们去做个阿里巴巴是营销,去参加一次展会叫营销,然而这些其实只是营销的一部分而已,我们一般将其称之为推广,它的功能只是在我们和客户之间产生一个连接。

那么,我们到底应该怎样来定义营销呢?对于什么是营销,并没有一个标准的定义,不同的人对于营销都有着自己独特的理解,但是有一句话是这样说的:"Marketing is keep telling your audiences the same thing(营销就是一直告诉你的受众同一件事情)。"

我对营销的理解是,在国际贸易领域,市场营销是企业通过对目标市场信息的充分把握,在明确公司、品牌及产品定位之后,针对目标客户群实施的提高其对我方认知度及认可度,从而提高销售转化率的一系列行为。

这里面有几个关键点,是我们需要拿出来重点阐述的。

第一个：定位。

第二个：认知度及认可度。

第三个：提高销售转化率。

首先，关于定位，我听过数万遍的话就是："我们公司的定位是中高端。"但实际上，这句话顶多只能够算是媒体语言，在实际的工作中毫无作用，它只是企业对自己的价格不具有竞争力这一现状的一种自我安慰。因为定位本来就不是由你自己单方面决定的，而是由市场决定的，并不是你想在哪个位置你就能够在哪个位置，而是市场认为你应该在哪个位置，你才在哪个位置，所以我更加喜欢用一个词叫"被定位"。

因此，认清自己的位置非常重要，知道自己想要什么样的客户，以及什么样的客户适合自己也非常重要。就例如我经常听到类似的问题："我的客户说他的目标价格比我的报价低了20%，我应该怎么办？"这样的问题真的没有答案，因为这样的客户本来就不是你的目标客户，无论你在价格上怎么降，他都会觉得你的价格高，你又何必将精力和时间放在对方的身上。

我们讨论营销，首先必须明确定位，我是谁？客户是谁？客户需求是什么？我的竞争对手是谁？然后有针对性地发力。

其次，什么是认知度和认可度？

提高认知度，也就是提高曝光量。提高认可度，也就是提高转化率。

提高认知度，增加的是流量，为达到这个目的我们可以去参展，或者开通阿里巴巴国际站，或者做个谷歌的付费广告，在卖方市场的时候，这种做法非常奏效，因为这解决了客户的一个需求，那就是

"找到供应商",然而在买方市场,这种做法渐渐地出现了几个问题。

(1)流量越来越贵,就好像阿里巴巴国际站,不买 P4P 或者关键词基本没有效果。

(2)转化率越来越低,买方市场中客户们的需求已经不再是"找到供应商",而是"找到好供应商"。所以提高客户对我们的认可度,提高转化率就显得更加重要。

当然,我们并不能够说认知度的重要性就一定不如认可度,只不过在资源有限的今天,广撒网是一个效率比较低的动作,毕竟我们营销的目的,始终都是为了提高销售转化率。

最后,什么是销售转化率呢?

譬如你原本接触 100 个客户,有 1 个会下单,那么转化率就是 1%。自从你开始营销之后,客户要么说"我曾经听说过你们公司",要么说"你们公司的产品在市场上很好卖啊",然后 100 个客户里面有 5 个会下单,那么转化率就是 5%。营销的目的就在于此,一切为了提高销售转化率考虑,一切都是为了通过营销手段,提高客户对我们的预期价值,让对方在接触我们或者我们主动去接触对方之前,在客户心中并不是负分,至少是 0 分,或正分。

举个老麦公司的例子,他公司的 B2B 团队之前去美国拜访客户的时候,心里很忐忑,觉得自己没做过美国的 B 端客户,没什么底气,结果他们和客户一说起凡菲,客户就说"我见过你们在电商平台的产品,挺好的啊",接下来一切就好谈很多了。这个时候我们就可以将老麦的 B2C 团队,视为为 B2B 团队做了营销支持。

综上所述,营销和推广并不一样,或者说推广只是营销的一部分,营销 4P 本来就包含了产品、价格、渠道和促销推广,大家所熟知的网络营销其实只是网络推广，社交媒体营销也仅仅只是社交媒体推广。混淆这两个概念最大的害处就是我们只能够看到外因，而看不到内因，就好像我们投阿里巴巴一样，只看到供应商越来越多，竞争越来越大，生意越来越难做，而没有看到，即使流量够大，我们也把足够多的客户吸引到我们的店铺，但假如我们自身并不具备吸引客户的实力，最终客户还是一样会跑。因此在这个过程当中，最关键的一点，是营造差异化。

哈佛大学心理学家乔治·米勒教授的研究指出，普通人的心智没有办法同时处理7个以上单位。应用到营销领域，也就是说每一个品类里面，一般人也就只能记得7加减2个品牌，也就是5~9个，而且随着竞争的加剧，很有可能只有2个品牌能真正被人记住。例如，可乐品类里的可口可乐和百事可乐，凉茶饮料里的加多宝和王老吉，智能手机里的苹果、三星、华为。然而有趣的是，尽管每一个品类里面，能够被人的大脑记忆的品牌非常有限，但是，人类能够记忆或者认知的品类数量，却几乎是无限大的。举个例子，品类就好像我们大脑里的小格子，每个小格子的容量都非常有限，但是，大脑里却可以有庞大数量的小格子。

为什么小格子的容量会这么有限？有两个原因。

（1）人脑处理信息的结构。

现代社会的信息量实在是太庞大了，就拿一份报纸来说，假如我们每份报纸都一个字一个字地读下去，看完一份报纸至少要花几个小时的时间，所以基于效率考虑，人脑自然就启动了两个功能，一个是筛选，一个是分类，自动过滤掉那些自己不感兴趣或者不值得吸收的信息。表面上你好像每个字都看了一遍，但实际上只有一部分内容能够进入你的大脑。

（2）严重的同质化。

作为买家，我们去任何 B2B 平台随便搜什么产品都能出来至少几百个商家，而且这几百个商家里面，有差别的寥寥无几，因此基于刚才说的第一个原因，这些商家就会被自动归类为第一品牌、第二品牌和其他品牌。这意味着，第一、第二品牌的企业，我重点联系一下，至于其他品牌的企业，我就随随便便联系一下就好了。所以这也是为什么，采购在寻找新产品的时候，会很在意这个产品是不是这家供应商的拳头产品。我们很不喜欢那些跨界跨得太厉害的供应商，这会让我们感觉到这家企业不聚焦，我们没有办法给这家企业进行分类。就例如我曾经看到深圳一家餐厅的招牌写着"云南米线＋咖啡"，这样的餐厅，我绝对不会进去。

那么作为普通中小企业，当我们不属于第一、第二品牌而是属于其他品牌时，我们要做什么？去努力把排在我们前头的竞争对手拉下马，然后把自己变成第一、第二吗？

这种做法是非常困难，或者说是非常没效率的，除非我们能够找到对方最大优势里面的固有劣势，否则，铩羽而归就会是我们最可能获得的结果。那么我们到底应该怎么做？如同刚刚所说，尽管每个小格子的容量都非常有限，但是这样的小格子在大脑中的数量可以是无限大的。这也意味着，我们与其拼了命地挤进格子里面，倒不如去创建一个新的格子，这种做法，我们称之为品类差异化。

Ben 叔的巧克力就是一个很好的例子。说到巧克力，你能想到的一定是德芙、费列罗、玛氏，假如 Ben 叔在刚创业的时候一心就想要去和这些品牌竞争的话，我相信他早就已经失败了。既然在"吃的巧克力"这一点上我们已经没有发力的空间了，那么我们干吗不试试"看的巧克力"呢？所以婚庆专用巧克力，就是 Ben 叔最终的定位，也是他从激烈竞争中突出重围的一个切入点。说实话，你要问我 Luxor 的巧克力好不好吃，我不好评论，但是在婚庆这个场合，大家在意的会是口感吗？很明显不是，大家在意的是这份礼品到底漂不漂亮，是否能够突显婚礼的档次，这就足够了。至于口感，我才不在乎呢，对吧？

这个案例给了我们一个很好的启发，那就是假如我们不是某个品类上数一数二的企业，那么避免同质化的最好办法，就是给自己确定一个新的品类，一个能够打开并入驻客户心里的品类，一个能够让我们在里面成为数一数二的企业的品类。这并不是一件不可能的事情，当前出现的同质化严重问题，更多是因为大家不懂得去深挖。存在即合理，假如你公司在竞争激烈的行业内能够一直存在，就一定有其过人之处，假如你们公司的服务好，那就把自己包装成行业内服务最好的公司，将你的海报、视频、网站、产品、目录、PPT 全部往服务上靠，久而久之，客户们自然会知道并记住这么一件事情，同时对服务很看重的客户，自然也会越来越向你们靠近。

当然了，你可能会说，道理你都懂，但就是不懂如何深挖怎么办？有几个比较简单的方法你可以参考一下。

（1）去透彻研究你所在行业的龙头企业以及直接竞争对手，发掘他们的最大优势是什么，以及他们最大优势里的固有劣势是什么。

（2）去透彻研究你的客户们，他们目前还有哪些需求未被满足，或者还没有被更有效率、更低成本地满足。对于某些适用于终端消费者的产品，你可以考虑去研究目标市场电商平台上的差评以及终端用户的评论。而对于没有办法通过网络手段分析的产品，最好的方法就是直接跟客户沟通，或者采取客户拜访的方式。

（3）在收集了足够多的信息和数据后，你再来分析市场上的哪些需求是暂时未能被供应端匹配的，而这些未匹配的需求又是否恰好是你最大的优势。分析完毕之后，果断出击，用你的海报、视频、网站、产品、目录、PPT甚至小礼品，将自己塑造成某一个领域内的顶尖公司，某个细分分类里的领先品牌，这个就是我今天想说的差异化，人无我有，人有我优。

当然了，研究及匹配需求仍然属于市场细分的范畴。作为一个成功的企业，绝不仅仅是在匹配尚未被满足的需求，而是要创造需求。这是一件非常困难的事情，对于绝大多数中小企业来说，在不具备守住品类第一的实力之前，不要妄谈创造需求，因为你所创造的需求，有很大可能会被原有的巨头吞噬。这就好像是互联网领域，大家经常问自己的一个问题一样：假如 BAT 也来做这个项目，我怎么办？

最后简单总结一下。

（1）帮助客户明确他对我们的预期价值是我们接触客户后的首要工作，也就是告诉并让客户相信，他能得到什么。

（2）时刻谨记用最小的付出，去实现最大的客户价值。

（3）定位是我们相对于竞争对手的位置，是市场为我们选好的板凳。定位的关键不在于我们要做什么，而在于我们不要做什么，借此形成聚焦。

（4）差异化不一定在于产品本身，更多在于客户的心理，客户认为我们有差异，才是真正的差异。所以我们在塑造差异化的时候，并不一定需要多高的技术能力，关键在于用怎样的角度呈现。

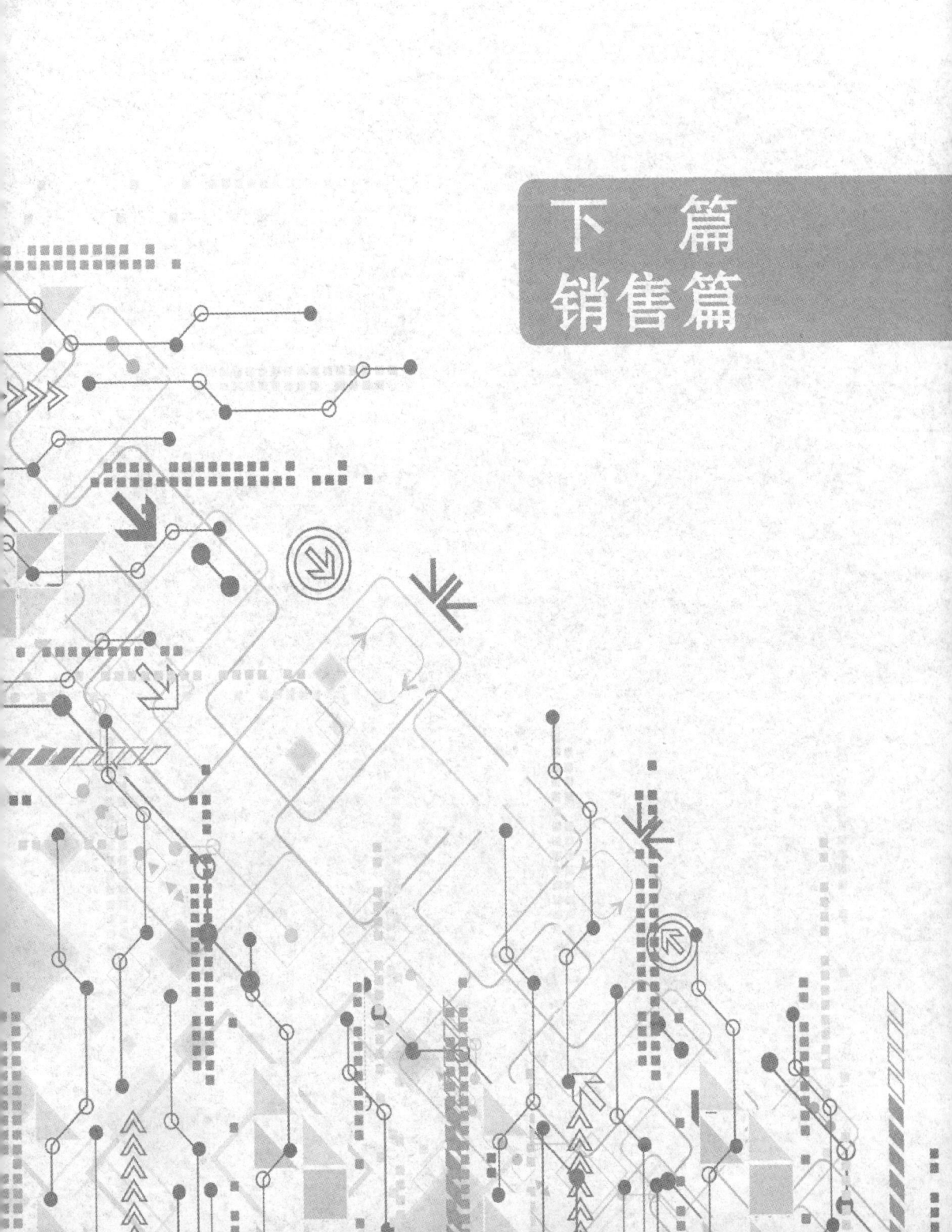

下 篇
销售篇

第五章　你适合做销售吗

第一节　销售是一门传播价值的科学

一次对 1028 位美国成年人的随机调查结果显示,在消费者的心目中,诚信与道德水平最低的人群分别是国会议员、销售员、广告人。

从科学的角度看,这个数据当然并不能说明真实的情况,但它也揭示了在大众的心目中,销售员是一个被"妖魔化"的人群。

我年轻的时候,时不时听到别人说:"找女朋友不要找做内销的,要找做外贸的,单纯!"或者一想到销售员大家总是会想到"客户虐我千百遍,我待客户如初恋",又或者"我明明去面试的是行政岗位,对方居然说我适合做销售,想推荐我去销售部工作,骗子公司!肯定是借着招聘行政的幌子招聘销售员!"除此之外还有诸如"应酬""喝酒""桑拿""欺骗""不择手段"等形容销售工作的关键词。但这些，其实统统都属于"启发性偏差"，也就是由于某些个体特征让你感觉整个群体都具备这种特征的认知偏差。

实际上，我认为销售是一个神圣的职业。

在传统认知中，大家总是觉得 B 端客户是专业和理性的，他们总是知道自己真正的需求是什么，我们将产品和价格展示出来，客户自然会从中做出最优选择。

这种认知其实是有偏差的，因为许多时候客户并不真正知道自己想要的是什么，即使他开口告诉我们"要××型号××规格××颜色"，也仅仅只是代表了在这一刻，他以为自己要的是什么（期望/要求的层面），但实际上他所要求的这些，是不是他真正想要的，是不是真的能够解决他的问题，满足他的目标呢？不一定。此时就需要通过销售员的力量，去帮助对方明确自己的需求。

那么，销售到底是一门科学还是一门艺术呢？

长期以来，我们一直把销售看成是一门艺术、经验、悟性，灵光一闪和随机应变占据了很重要的地位。大多数企业也都是走着英雄主义的销售精英路线，可是这种做法最重大的缺陷是：不可复制。一幅临摹的画即使跟原作再像，它都只是赝品而已，原因就在于艺术层面的东西是没有办法复制的。一个精英销售人员可能瞄一眼案子就能够知道这个客户成交的可能性到底有多大，可是当你问他"你为什么知道"的时候，他给你的回答却很有可能只是"直觉"两个字，而直觉可以复制给团队的其他人吗？很明显不能。

因此，对于极少数具有销售天赋的人来说，销售是一门艺术；可是对于绝大多数的普通人来说，必须把销售当成一门科学来学习。

而在正式学习之前,让我们先来分析一下,自己到底适不适合做销售。

第二节 销售的三种类型

陷入困惑和自我怀疑的人总喜欢问我一个问题:"丹牛哥,我的销售业绩很普通,我到底适不适合做销售员啊?"每当听到类似问题的时候,我也总会反问对方一句:"售前销售、售中销售和售后销售,你目前担任的是哪一类的岗位?"

从过往经历看,绝少有人思考过这个问题,就连企业也将这三种类型混合在了一起。但实际上,许多所谓不适合做销售的人,他们不适合的只是第一类销售,也就是售前销售而已。

所谓售前销售,可以细分为两种类型。

第一种类型是完全的主动开发,包括发现潜在客户、找到决策人、建立联系等一系列的动作,这种类型的售前销售是完完全全地从 0 开始。

第二种类型则是被动开发,依托 B2B 平台、展会等渠道收获询盘之后,再开展销售动作,起点至少是从 0.1 开始的。

这两种类型的共同点就是:客户没有对我们产生认可,甚至还怀抱着一种"有罪判定"的态度(大家想象一下接到陌生推销电话时,你的态度是怎样的就知道了)。销售人员的工作就是在这种负分开局的前提下,破冰、营造信任、扭转局面,并促使客户最终下单。说实话,绝大多数人都不适合这个岗位,尤其是主动开发型的售前销售岗位。

首先,在心态上我们就一定得扛得住空虚寂寞,也得忍受得了一

次次被拒绝或者一次次没回音的难堪,此外,还要有越挫越勇的精神。毕竟站在客户的角度,对于一个他们不认可甚至不认识的人,第一反应肯定都会是抗拒。例如,我们平时接到推销电话的时候,第一反应绝对不是"太好了",而是不耐烦地想要挂掉电话。作为销售员,假如我们没有办法处理这种挫败感的话,日子将会非常难熬,甚至每天一坐到电脑前,一拿起电话都会觉得是一种折磨。

其次,专业,包括销售领域和产品领域的专业。举几个简单的例子,我们是否知道客户属于什么样的社交风格,并能以此调整自己的社交风格以迎合客户?

我们是否知道信任有哪四种类型,并能根据实际情况选择最能够获得客户信任的方式作为切入点?

我们是否知道客户的实际问题和目标,并能以自有产品作为载体去帮助客户解决他的问题?

上面的几个问题许多人的答案都是否定的,这也是为什么大多数人并不适合从事售前销售的原因。

而售中销售,主要做的是客户跟进工作。售中销售的目的是解决在客户下单之后,我们要如何做才能不断地增加客户的"幸福感",提高对方的黏性,让客户在下一轮订单开启的时候依然能够想到我们这个问题。

有些人可能会认为客户跟进比不上客户开拓。但其实是一种误解,双方仅仅是发力点不同而已,假如说客户开拓工作是在狂风暴雨中冲锋,那么客户跟进工作则是润物细无声地渗透,"服务"是其中的关键所在。但是,这里所说的服务并不是常人所以为的态度好,也绝对不是客户说要什么我们就给什么,更不是"客户虐我千百遍,我待客户如初恋",而是能够想客户之所想,干客户之想干,能够站在客户的角度思考什么才是对他而言性价比最高的选择。同时,我们又能够站在公司的角度实现企业目标,成为客户与公司之间的有效连接点。这个岗位上的人员,做的是从1到10的工作,沟通能力、协调能力、解决问题的能力缺一不可。

而售后销售,则是一个从10到100的过程了。这个岗位并不是大家日常认知中的"客服",整天只专职于处理客户的质量反馈,在完成一笔订单之后要么被动地等待客户的联系,要么生硬地发封邮件给客户"什么时候有新订单"。售后更多是跟营销挂钩的,例如通过与客户的沟通,了解对方的销售情况、库存情况、售后反馈情况,从而制定新的策略去帮助客户把产品卖得更多,这样我们的订单自然也就越多。所以这个岗位更加需要的是数据分析能力、把握全局的能力、看到终端市场的能力。

综上所述,这三个销售类型所需要的能力是不同的,因此作为销售人员,不要随随便便就说自己不适合做销售员,而是要判断自身的能力到底适合哪个类型的销售工作。而作为企业,我们也应该明确看到如下两点。

(1)并不是所有人都适合从事售前销售,随随便便招聘一堆人然后全部扔到售前销售的岗位上,是对企业和个人的不负责任。

(2)在适当的时机,应该考虑对公司的销售团队进行售前、售中和售后的分工,一个人同时负责三种类型的工作,并不是一件效率最大化的事情,毕竟这三种类型岗位所需要的能力侧重点是不一样的。

那么,到底什么样的人适合做销售工作呢?

第三节　什么样的人适合做销售

许多人之所以会踏进外贸领域,只不过是因为大学学的专业是外语。在过往的几十年间,国际贸易确实是一门偏向语言和操作的学科,许多企业在招聘的时候,也总要求"英语专业优先"或者"英语专业8级"等,就好像语言说得溜就能够做好生意一样。在当年,这种做法没有错,因为在出口贸易还是一个卖方市场的时候,很多人发家就是由于找到了一个还不错的产品,之后参加某个展会,说上几句"GOOD GOOD GOOD CHEAP CHEAP CHEAP",或者按几下计算器,就把订单给拿下了。这个时候他们自然会拍大腿说:"哎呀,你说我要是外语没问题的话,这订单利润我不得翻倍啊!"

这种语言导向的思维一直延续到今天,可是在当今的外贸形势下,外语对于外贸工作还有那么重要吗?大家可能知道我曾经在一家中国500强公司工作过,我的前老板,操着一口流利的印度式英语,说实话你要不是印度人基本听不懂,但是他当年做业务的时候照样一年拿几千万美元的订单,为什么?

我认为原因是他的商业思维起到了主导的作用。所以,并不是说英语不好就不能做外贸销售,也不是说英语好就能够做好外贸销售。

至于性格内向的人,是不是就不适合做销售工作呢?

其实并不是,我认识许多销售大咖,本质上都是很内向的人。

外向还是内向,从来都不以是否活泼,是否健谈,是否有正能量作为判断标准。唯一的判断标准,是内向的人通过独处吸取能量,他的思维会更加倾向于向深度发展,而外向的人通过交际吸取能量,他的思维会更加倾向于向广度发展。

当明白了这个判断标准后，我们就知道了，内向的人并不是不能从事交际，也并不是不能跟人打交道。在面对熟悉的人时，他一样可以非常活泼，非常健谈，只不过这种行为对他来说，是一种消耗能量的过程，而不像外向的人，人越多他们越神采奕奕。

另外，外界的观点认为做销售员一定要开朗活泼能说会道，其实这是错误的，因为他们接触的销售员，往往都只是初级销售员。在我看来，销售员有三个阶段。初级销售员靠说，因为他们不知道客户要的到底是什么，就只能不停地展示自己的优点，企图靠运气去撞客户的买点。中级销售员靠问，开始懂得了"想要"和"需要"的不同，懂得通过问题去挖掘客户的真实买点。高级销售员靠听，懂得如何引导对方去表达和阐述自己。因此，假如你在见客户的时候，只是你一味在说而客户根本就不出声的话，这样的情况就很危险。

最后，是不是只有聪明人才干得了销售工作呢？也不是，聪明人做销售最大的问题是，太想走捷径，但销售道路是没有捷径的，尤其是在初级阶段，它更多靠的是持之以恒，例如每天要找很多客户，发很多开发信，接到许多拒绝，忍受许多没有订单的孤独和煎熬。在这个阶段，不需要什么天赋，要的就是勤奋的态度和坚韧的心，迈过去了海阔天空，迈不过去永世沉沦。所以这也是我经常说"销售靠勤奋，采购靠智商"的原因，只有过了初级阶段，天赋、聪明和能力才有发展空间。

但是不管哪个阶段都有一个共同点，那就是要有一颗向往与人沟通的心，想跟人打交道的欲望，能感知对方情绪的能力。假如你没有，不做销售也罢。

总的来说，一个适合做销售工作的人，他至少必须具备如下四个特质：

（1）能够忍受努力但毫无收获带来的挫败感与巨大压力；

（2）喜欢与人打交道，具有感知他人情绪的共情能力；

（3）拥有不断挑战自我、挑战新高度的精神；

（4）以目标为导向，以结果为导向。

至于技能方面的东西，完全可以靠科学的培训与实战培养起来。

第四节　到底什么是产品型、方案型和决策型销售

之前我们谈到了销售的三种类型，这一节我们再来说说销售的三个层次：产品型销售、方案型销售和决策型销售。

产品型销售，就是绝大多数人正在做的工作，"我"有什么，就展示给客户什么，考虑的层面只是产品的特征（Feature），例如质量、性能等内涵因素以及价格、条款等外延因素，而不会考虑到这个产品到底会给客户带来什么样的功用，更不用谈能够给客户带来什么样的利益。这种类型的销售，基本就是客户要什么，就给什么；一旦客户什么也不要，自然也就不懂应该怎么给。

方案型销售，指的是开始懂得从市场和客户出发的道理，知道应该如何去探寻客户的需求和问题，然后跟对方一起讨论解决具体问题的可行性方案。另外请大家注意，所谓方案并不仅仅指将不同产品或不同型号搭配起来，它更多指的是针对客户问题的解决方案。方案一定是和客户共同讨论出来的，而不是我们单方面发出来的。

决策型销售，指的则是完全懂得客户的需求，甚至清楚客户背后

的隐藏动机，能够直接帮助客户做出最符合对方组织利益与个人利益的决定，俨然就是客户的代言人角色。

方案型销售和决策型销售听上去似乎有些类似，但其实并不是这样。

我提出过一个概念，叫"决策瘫痪"，意思就是指由于信息超载及选项太多引起的决策困难，进而导致决策者放弃决策的过程。我们用一句大白话来形容它，那就是选择障碍症。

为什么会有决策瘫痪的存在呢？原因有三点。

（1）损失规避心理的存在，人天生对"失去"非常敏感。

（2）人脑在进行方案分析等理性工作的时候，是非常耗费能量的。

（3）假如只有一个选项，那客户的决策就是买，或者不买；假如有两个选项的时候，那客户的决策就会复杂为买 A 还是买 B，定下来选项之后再到买还是不买。

因此，在方案型销售的场景下，客户还是可能会陷入决策瘫痪，因为他需要对解决方案进行分析判断，尤其当解决方案有很多个的时候，从中挑选出效益最大成本最低的选项，更是一个耗费大量能量的过程。决策型销售会大大降低这个概率，因为我们已经将方方面面的东西都替客户考虑到了，那么这个时候客户需要做的事情，就只不过是决定购买还是不购买罢了。

那么，关键的问题来了，我们到底要如何成为决策型销售呢？

首先，我们必须摆脱产品型销售的固有思维，充分意识到客户需要的其实并不是产品本身，产品只是解决问题、满足需求的载体而已。

其次，学习成为一名方案型销售，懂得应用 SPIN（来自尼尔·雷克汉姆的经典书籍《销售巨人》，强烈推荐阅读）等提问逻辑，探寻客户想要解决的问题，去挖掘和放大客户的需求。

最后，学会掌握"四维商业思维"，除了看到自己、竞争对手和客户之外，还要能够看到客户背后的商业链条的变化。例如客户购买这个产品，到底是自己用的，还是用来卖的？假如是用来卖的，那么卖给谁，怎么卖，客户的竞争对手又是谁，只有能够看到这一点，才能够把握客户真正的利益所在，进而帮助客户做决策。

第五节　什么样的销售员，客户才喜欢

雷鸣 Alex 在门徒俱乐部的基础课上提出了一个问题："到底什么人是我们眼中的好销售员，什么人是客户眼中的好销售员？"

这个问题把我吓出了一身冷汗，因为我之前也陷入思维误区了。我总觉得我公司是服务导向型公司而不是销售导向型公司，因此缺少狼性，也缺少了为达到目标永不言弃的精神，骨子里透着一股文艺气息，所以我一直想招聘带有狼性的销售员来带动我公司员工的工作积极性。

但是后来我想清楚了两点。

（1）我想要的、我的喜好不一定就是公司的需要，公司的性质决定了太有狼性的人可能在我公司根本就活不了几年。

（2）企业的偏好不一定是客户的偏好，一个有狼性的、拼搏的、不达目的不罢休的、不拿订单不放弃的人，在我们看来可能是一个优秀的员工，可是对客户来说，他就一定会喜欢这种咄咄逼人的人吗？

不一定的。

那么，作为客户，他们到底喜欢什么样的销售员呢？

我们可以从两个角度来分析。

感性层面分析

在这个层面分析,结果是因人而异的。

美国维新公司把人的社交风格分为四类,分别是老虎、猫头鹰、考拉和孔雀,每种社交风格的人都有他喜欢跟不喜欢的社交方式。例如有些人喜欢一见面就称兄道弟,拍肩膀吃饭喝酒说"这件小事情就包在兄弟身上了"或者"你是谁?你是我大哥,我坑别人也不可能坑你",诸如此类,但是这种做法在有些人面前却会招致非常大的反感,例如我。

在感性的层面上,情商比较高的销售员可以随着客户的不同随时进行转变,但这并不是大多数人可以做到的。有时候客户莫名其妙就开始讨厌你,而你对原因却一无所知。所以这也是为什么雷鸣 Alex 之前说:"假如一个客户无论你怎么努力都跟不下来,不管你说什么做什么客户都是一副黑脸,那么最好的做法就是换一个人跟。"

理性层面分析

在这个层面,我们可以做的事情就很多了,核心就是一点,你是否能够给客户带来利益?

但是请注意,给客户带来利益有时候并不意味着你必须牺牲公司的利益。

客户每给你发一封邮件你都能够在 15 分钟之内回复,节省客户的时间，这个叫利益。

客户每问一个问题，不管是技术问题、质量问题，还是商务问题，你都能够有针对性地帮助解决，节省客户解决问题的成本，这个也叫利益。

你将其他客户的一些成功案例介绍给客户，帮助客户去更好地拓展市场、改革架构、跟进客户、帮助客户挣钱，这个也叫利益。

客户多赚 1 分钱，公司就少赚 1 分钱，这个叫零和游戏。假如你只能够做到这一点，你可能讨客户喜欢了，但是你对于公司的价值却也会因此减少。所以，如何通过自己的经验、知识和服务，去为你的产品增值，让客户高兴，让公司获利，让自己晋升，获得三赢，这才是销售员最应该做的事情，这个人也才是客户和公司都喜欢的销售员。

第六章　从采购视角去思考

第一节　什么是客户的期望、需求和动机

在弄懂了产品型、方案型和决策型这三种销售层次后，我们知道了将B端客户视为理性人，清楚知道自己的需求，并能做出最优选择的观点其实是错误的。

客户想要的东西并不一定是他需要的东西。他期望能够通过某一个产品来解决他的实际问题，但实际上这个产品是不是真的可以解决他的问题？不一定。就例如有一位门徒俱乐部成员曾经以为她的需求是招聘一名优秀的销售业务员，但通过与对方的沟通，她发现招聘一名销售业务员并不能解决她的问题，她需要的其实是一名执行力强的跟单员。

因此，期望层面的要求其实并不重要，客户隐藏在期望背后的需

求（客户想要解决的问题或达成的目标），以及隐藏在需求背后的动机（解决了某个问题之后能够给他带来的利益），才是最关键的。

咱们来举一个简单的例子。客户给我们发邮件，要求要质量好的产品，我们现在知道这仅仅是他的期望，那么他要解决一个什么样的问题呢？是之前从中国采购的产品出现了质量问题，让他的售后焦头烂额；还是价格战打得太痛苦了，他想从质量的角度提取卖点，去和竞争对手对抗？还是想解决原有产品卖不出高价格，导致公司毛利率太低的问题？问题不一样，实际的需求会发生偏差。而且更关键的是，他所面对的问题，到底是不是单纯提升产品质量就可以解决？解决了他的问题之后，他能够获得什么样的收益？是稳定品牌形象，还是打败竞争对手，还是更好地维持公司的运营等，动机不同，产生的实际需求也会有偏差。

所以实际上，假如我们单纯强调执行力，在客户要求高质量产品的时候，我们不做任何的分析就把高质量同时也高价格的产品给到客户的话，客户可能一看就想："妈呀，高质量产品原来价格贵这么多，完全不是我想的那样，我就是想借质量做卖点去避开激烈竞争，抢夺市场份额而已，但这个价格，市场完全承受不起啊！"最终，客户还是无奈地采购了低价格的产品。（这个也完全有可能是客户不回复你邮件，或者说你价格贵的原因。）

以上就是一个很普遍的期望、需求和动机不匹配的例子，也就是我们之前常说的想要不等于需要。

期望、需求和动机这三个概念，不只能应用到销售领域，在任何与人打交道的地方它都能够用得上，例如职场。假如你的上司告诉你："小王，你明天陪我见一下客户。"但明天你有很多的工作，拒绝领导似乎不好，但不拒绝自己又应付不过来，这个时候怎么办？

你首先应该搞清楚的是：为什么上司要你一块去见客户？想要有一个人帮忙拎包？想让你代替他做公司介绍？还是因为他不能喝酒带你纯粹就是挡酒用的？原因不同，我们的应对自然也不同。假如原因是第三个，我们是不是就可以拒绝对方呢？也不一定。我们接下来需要分析，他为什么不带别人偏偏要带你？到底是随便抓一个人而已，还是已经关注你有一段时间了，想趁这个机会和你单独沟通，也借机观察是否可以对你进行晋升？

所以，人类真的是非常复杂的生物，他们往往并不知道自己要的到底是什么，即使知道了，也不一定能够良好地表达出来，非得挖掘不可。

让我们再切换到求职的场景。我们经常能够听到类似下面的这几段话。

"我一定要去北上广深工作。"

"我要找一份双休的工作。"

"我绝对要去大公司。"

"我的工资不能够低于5 000元。"

如上这些，统统都只是"期望"。

就以"工资不能低于5 000元"这句话为例，为什么不能低于5 000元呢？他可能会回答，"生活成本就是这么高"或者"我堂堂硕士海归毕业难道还不值5 000元吗？"云云，可当你再问"那要是腾讯给你一个管理培训生职位，承诺两年之后年薪30万元，但现在的工资只能是3 000元，你去不去？"他可能瞬间就犹豫了，就纠结了，这个时候自然证明了如下两点：

（1）之前所谓的"需求"，其实只是他自己以为的需求或者伪需求而已；

（2）曾经自以为牢不可破的期望，也容易被打破，因为它并不一定代表他真正的需求。

至于动机，就更加有意思了。还是以"工资不能低于5 000元"为例，假设你已经将这份5 000元工资的工作拿到手了，此时你得到了什么样的利益？

是可以告慰含辛茹苦把你养大的父母，终于可以开始帮家里还债了吗？

是可以光明正大地鄙视那个打小成绩就比你好，但毕业第一份工作月薪却只有4 500元的隔壁小王？

是成为全班工资最高的一位同学，满足了自己的虚荣心？

还是用显性化的工资证明了自己十年寒窗的苦读没有白费？

但这些利益真的靠5 000元工资就能够实现？又或者说，除了5 000元工资之外，就没有其他办法可以实现了吗？譬如，两年后30万元年薪的腾讯管理培训生，难道不比普通的5 000元月薪更能鄙视隔壁小王？

所以这也是为什么，当我们跟客户沟通的时候，重点并不在于他说了什么，而在于他到底做了什么。因为"说"仅仅是体现了"期望"，"做"的背后才是真正的需求和动机。

第二节　我为什么不下单给你

"以客户为中心"的思想，要求我们在看待问题的时候不能够只从自身的角度出发。所以接下来，我尝试切换到采购的角度，来看待我们日常的销售工作。

作为一个客户，我要问自己几个问题。

我为什么不接受你的邀约

所谓邀约指的是你作为供应商，邀请我去参观你的公司，或者你想来我公司拜访，或者你给我打电话想谈一谈合作的可能性等需要我付出时间、精力甚至金钱的动作。

前文中，我曾经说过"销售漏斗"的概念（科学反映销售过程与销售效率的重要管理模型），在这个概念中销售流程被分为7个阶段，分别是：销售线索、挖掘商机、需求确认、客户认可、方案确认、风险评估、订单确认。大家认为在哪一个阶段，客户最有可能拒绝你呢？

答案是在"客户认可"阶段之前，客户都很有可能拒绝你，因为他还不信任你，不觉得你能够帮助他解决问题，又或者说，即使你认为自己可以帮助客户解决问题，但是他不相信。所以你会发现，假如客户不认可你，不要说让客户付钱下样品单，就算你把样品白送给对方，他都不一定会要。因此，在你接触客户的初期，取得客户的信任与认可，就是你的第一个目标。

那么，你要如何取得客户的信任与认可呢？这里你就必须应用"心理账户"（一元钱不等于一元钱，而是视不同来处，去往何处采取不同的态度）和"期望管理"（积极性＝期望×价值）的理论了。

为了提高客户的积极性，我们可以分别从期望和价值入手。

跟大家举一个我当年买车的真实案例。

经过漫长的挑选之后，我最终剩下两个选择（都是同一款车型）。

A 选择：在顺德容桂购买，比较省事，但是价格贵了 2 000 元左右。

B 选择：去佛山南海购买，便宜一点，但是提车保养都比较远。

当年 2 000 元对于我来说也不算是小事了，因此我一直在犹豫。两家店的销售员为了冲业绩，也一直在努力地邀请我过去面谈，可是他们的做法是截然不同的。

佛山店的销售员，除了邀请我过去之外什么话也不肯说，我问"是不是我过去了你就能够给我更多的优惠啊"，他闭口不谈，说公司规定不能在电话里谈价格。

而顺德店的销售员虽然一样没在电话里谈价格，但是却说"李先生我理解你的需求，到时候我邀请经理一块出席，该有的权益一定帮你争取"等。

很显然我去了顺德店，而且最终也下单了，原因很简单。

（1）顺德店让我感觉这是一场价值 2 000 元的会面，而佛山店却并没有给我植入该有的价值。尽管最终我没拿到现金折扣只收获了一大堆号称价值 3 800 元的赠品，但我依然觉得赚了。这是"心理账户"层面的价值植入。

（2）顺德店让我感觉到有拿到更多优惠的可能性，增加了我对于此次会面的期望值，我的积极性自然也就更高了。

所以，作为供应商假如你想客户能够更加积极地响应你的邀约，可以做两件事情。

（1）给邀约植入一个对客户有意义的价值。

（2）让客户感知到实现这个价值的可能性。

我为什么不更换供应商

我有一个朋友,销售的产品正好是我采购的产品,有一次他半开玩笑半认真地说:"A(我的现有供应商)的价格比我贵那么多,真不明白你为什么还要跟他买。"

作为朋友,我只能笑笑不说话,但事实上我选择 A 的原因有三点。

(1)我在 A 供应商身上投入了大量的时间、精力甚至金钱(认证费用),所有的这些都成为我的"沉没成本"(由于过去的决策已经发生了的,而不能由现在或将来的任何决策改变的成本)。尽管我知道这些成本都已经花费出去也永远没有办法回收,它不应该影响我以后跟哪个供应商合作的决策,但是基于"损失规避"心理(人性总是更多地关注自我,并且本能地害怕失去自己所拥有的东西),我会觉得过往的这些投入假如现在没有办法产生效应的话,那将是一件很痛苦的事情。

(2)"贵"只是相对值而不是绝对值。举一个简单的例子,100 元采购成本的 A 产品在市场上能卖 300 元,70 元采购成本的 B 产品却只能卖 200 元,请问一下,哪个产品更"贵"呢?所以我朋友看到的只是采购价格的对比,而我看到的却是市场价格与利润的对比,我们双方的"价格锚点"(人脑无法判断孤立的事情,价格必须有一个参照物才可以判断高低)是不一样的。

(3)这个项目属于政府工程,价格不是问题,现金流才是问题,不能够提供 OA 的供应商,价格再低我们也没有办法合作,这个也就是所谓的"非补偿性决策法则"(产品本身的优劣势无法互补,即使优点再好也没有办法弥补缺点的不足,从而导致无法被选择的情况),价格低这个表面上的优势其实并不能弥补付款方式不良所带来的劣势。

我为什么不下单给你

我朋友犯过的错误,其实我也曾经犯过。

许多年前我去乌拉圭拜访客户的时候,我对着一帮年纪足以当我爷爷的人说:"我这么努力,价格又这么低,你们为什么不给我下单啊?"当时客户们听到这一句话后哄堂大笑,而我一脸懵懂。直到多年之后我才明白,我当年犯了"归因偏差"里的"自利性偏差"错误(归因偏差,意思是基于人类自身认知的固有局限,或者基于人们不同的动机,有可能会对某些正常的信息进行扭曲;而所谓自利性偏差,则意味着这种对信息的扭曲往往是朝着对自己有利的方向)。

人总是很容易陷入"我以为"的误区,以为客户理解你,以为客户知道你的努力,觉得自己每天晚上11点还在发开发信客户凭什么不回复你,但事实上所有的这些都仅仅是在感动自己,客户无辜地摊开双手:"跟我有什么关系?"所以,这也是为什么我们要以客户为中心的原因,因为客户也是人,自然也是自利的,这就要求我们在看待工作的时候,应该站在客户的角度而不是单纯站在自己的角度。

例如客户为什么要求免费样品?他到底是穷、抠门,还是因为财务部不肯付费?假如我们不去探究客户背后的真实需求以及可能存在的动机,不去帮助客户实现我们共同的目标,而纯粹"穷人思维"(对某一种稀缺资源,例如钱,过分看重的思维,不懂得先舍后得)发作的话,我们就很有可能因为当前的价值而牺牲掉未来的价值。

例如把包含一堆价格、规格、图片的报价单用 PDF 格式发过去，真的是一件好事吗？咱们试想一下客户收到报价单之后要做的事情。

（1）从一大堆信息中找出他需要的信息；

（2）将所需要的信息从 PDF 复制（或手动填写）到 EXCEL 表格，然后进行各种数据对比。

这样做一份报价单就得花费大半天时间。

所以不要说信息多方便客户选择，不要说 PDF 比 EXCEL 更加正式，这些都不是站在客户角度的做法。信息越多，选项越多，就越容易引发"决策瘫痪"。作为客户，他其实最想要的就是供应商针对他的需求，直接给出能够解决问题的方案，而不是告诉他"关于你肚子疼的病，我这里有 100 种药，你都吃着试试看"等。

我为什么一直说贵

当绝大多数客户都告诉你"你的产品太贵"的时候，你是不是会产生怀疑自己，怀疑公司的念头？

大家可以设想这样一个场景，作为客户，我和三十家供应商有过接洽，但最终我只能选择一家，这是不是意味着对于其他二十九家供应商，我就不理不睬或者直接告诉他们"我已经定好供应商，不要再发邮件给我"云云呢？答案当然不是，作为一名优秀的采购，"We never close the door to suppliers（我们从不彻底拒绝供应商）"，毕竟我们不知道什么时候会和现有供应商发生问题，或者什么时候会和新供应商擦出火花，对吧？所以对于值得我们释放善意的供应商，及时反馈是美德。

不过,难道我还能打电话或者发邮件给另外二十九家供应商,一个个详细解释我下单给别人的原因,以及不下单给你的理由啊?

不可能!所以除了重要备胎之外,我们的最佳借口就是"You are too expensive(你的产品太贵了)"这种最强有力又最让人无能为力的话语。

实际上,"客户因为我们的产品价格太高所以不下单"并不是事实,而应该是一种"幸存者偏差"(指的是人们通常只看到了某个被筛选过的结果,不管这个筛选是有意还是无意,而没有意识到筛选的过程,从而忽略了那些被筛选掉的信息)。

因此客户之所以不下单,并不真的是因为我们的产品贵,也不代表只要把价格降下去,我们就能够把订单拿下来,因为总是有人能够比我们更加便宜。我们在销售的并不仅仅是产品,我们的武器也不单单只有价格,我们更应该做的,其实是像一个顾问一样,去了解客户在市场层面、销售层面甚至组织管理层面的问题,去帮助客户增长销售业绩,提高组织效率,实现市场目标,这个才是我们作为供应商最能够体现的价值。

第三节　怎么打动态度冷淡的客户

人是一种需要反馈的生物,假如销售员遇到的是一个热情如火的客户,他的情绪也会很容易被调动起来。可是绝大多数情况下,尤其是在销售初级阶段时,我们遇到的客户往往都板着一张脸,此时我们未开口心里就先怵了三分,明明练习了许多次的自我介绍也都说得结结巴巴。

客户为什么会冷淡呢？

原因就在于他根本看不到跟你有任何交集。没有做生意的可能，又没有交朋友的需要，难道你还能指望对方在一接到你电话的时候就开心地说"嗨 Daniel，我等你电话好久了"吗？

不可能。

所以，我们到底要如何才能够打动冷淡的客户呢？

雷鸣 Alex 在门徒俱乐部的课程中，曾经提到过成交有三个"力"在起作用，分别是：迎合力、信任力和利益力。

所谓迎合力，属于社交风格的范畴，也就是对方看到你的时候觉得"很顺眼"。前文说过美国维新公司把人的社交风格分为四类，分别是：

老虎型：指令导向 & 任务导向；

猫头鹰型：征询导向 & 任务导向；

考拉型：征询导向 & 人际导向；

孔雀型：指令导向 & 人际导向。

在一般情况下，对立象限社交风格的人相互之间就是看不对眼，因此假如你的客户是直接干练的老虎型，而你在进入对方办公室的时候却东拉西扯老半天进不了主题，又或者畏畏缩缩唯唯诺诺的话，客户分分钟会把你赶出办公室。

至于信任力则是一个更关键的要素，即使你自身真的非常棒，可假如对方根本就不相信你的话，那也一点意义都没有。所以在销售领域，我们跟进客户的第一个目标就是取得客户的信任。

在雷鸣 Alex 的销售专业课里，他将信任分为四类，分别是职业信任、专业信任、关系信任和利益信任。

职业信任，指的是你的言谈举止、着装打扮等能让客户信任你。大家想必也发现了像金融业和房地产业的从业人员，一般的穿着都是西装革履非常正式，这其实就是在塑造一种职业信任，给人一种看起来靠得住的感觉。

专业信任，指的则是当你在某个领域（例如家电行业、照明行业等）具备一定的权威时，别人就很容易对你产生专业层面的信任。举个简单的例子，以我在外贸领域十余年的工作经历以及过往几十万字的文章输出，就很容易让别人对我形成专业信任，觉得我是外贸领域的行家。

关系信任，我们之前一直说 B2B 已经从 Business to Business 变成了 Business People to Business People，既然是人，那么就不可避免有"感性"和"关系"的存在，因此吃饭、唱歌、送礼等动作就都是在营造关系信任。

利益信任是建立信任的最重要一环，指的是以客户为中心，我们在利益上能够帮到对方。但是这并不意味着我们要去"满足"客户的利益，而应该是去"关心"客户的利益，因为满足是有成本的。这句话怎么理解？举个简单的例子，客户缺 100 万元资金，"满足"就是直接给他 100 万元，"关心"就是知道他为什么需要 100 万元，然后想办法去帮助他挣 100 万元，至于最终能不能帮他要到 100 万元，那是另外一件事情。至于怎么帮助客户？作为销售员，就是基于我们对市场的了解，我们关于行业的专业，以及其他客户可复制的先进经验等为客户提供帮助。统统这些，其实就已经是在塑造服务上的差异化了。

那么，我们该如何培养信任力呢？

首先，同时培养四种类型的信任力是不现实的，也是没必要的。譬如本人，假如让我去搞关系信任，我会非常痛苦。

其次，我们应该更多在"专业信任"和"利益信任"上做文章，了解市场，了解产品，了解供应链这些都只是基本功，但仅仅是深耕自己的专业是不够的，更关键的是我们要思考如何才能够把这份专业性应用到帮助客户的业务上。雷鸣 Alex 在外贸 G 友团 2016 广州年会的时候就举过几个很经典的例子，假如客户是家炼钢企业，那么即使我们只是一家卖复印机的，我们也要知道钢铁是怎么炼成的，让客户知道我们确实在关心他的业务，而不仅仅只是想卖出自己的产品。

利益力则是最重要的东西，我们常说产品有三大点：Feature、Advantage、Benefit。

大家觉得客户的采购决策，会基于如上三点中的哪一点呢？

答案不言而喻，当然是第三点：利益。

"我知道你的产品很轻薄很环保，我知道你的公司很领先很厉害，可是这跟我有什么关系？"客户可能如是想。

所以，当我们跟客户接触的时候，假如我们一味只是在说"我"，而忽略了"你"，客户自然不会有好态度。

回到原题，当我们遇到冷淡的客户时，可以有如下三个步骤：

（1）端正自己的心态，不要怕客户冷淡，脸皮厚对于销售员来说，还是挺重要的；

（2）揣摩分析对方的社交风格，将提高自己的迎合力作为破冰的第一步，之后再塑造信任力以及利益力；

（3）回归根本，以利益来打动对方，我们时时刻刻需要铭记的是，卖产品出去只是我们的短期目标,帮助客户解决问题、达到目标才是我们真正的目的。

第四节　销售人员必须具备的采购思维

由于立场和利益的不同,不同人看待同一件事情呈现出来的画面是不一样的,例如我职业生涯的前半段是在销售岗位,后半段是在采购岗位,那么同一个国际贸易流程,我从采购岗位看到的东西和从销售岗位看到东西就是完全不一样的。

所以,当我们仅仅只是从销售思维出发时,我们会忽略一些对于我们来说无足轻重,但是对于客户却影响重大的事情。举个简单的例子,客户要求我现场拍一些展厅和生产线的照片发给他,有经验的朋友都知道,此时提取出来的照片文件名往往都会是一连串的数字。

假如我直接将这些文件作为邮件附件发给客户的话,当客户打开这封邮件时,他怎么知道每一个文件对应的是什么照片?又或者说,假如客户需要将这些照片存档,他还要重新命名以便日后查询方便。

这样等于就是将原本应该属于我的工作,推到了客户头上。所以一般我都会以下面这种格式来重新命名文件,例如:

××公司××产品照片.jpg;

××公司展厅照片.jpg;

××公司工厂照片.jpg。

而这,就是初级的采购思维。

所谓采购思维,实际上就是设身处地地换位思考,我们会考虑我们所说的每一句话,发的每一封邮件,做的每一件事情,客户到底会怎么看，怎么想，怎么做。假如我们做不到这一点，不懂得多维度地去看待同一个问题，我们会发现，很多时候我们的努力都只是一种自我陶醉。

往深了说，采购思维本质上是从工厂思维向市场思维的转变。大家都知道，几十年前的外贸是卖方市场，我们根本不需要考虑太多的东西，要么是客户跑过来问"你们有没有××产品"，要么是我们跑过去问客户"我们有××产品，你需要吗"。那时，有几个问题我们从来没去考虑过。例如：

客户为什么需要这个产品？

客户为什么需要这个价格？

客户为什么需要这个货期？

客户为什么需要这个付款方式？

我们想的就是如何把产品卖出去而已。

然而，随着外贸从卖方市场向买方市场转变，产品的同质化越来越严重，客户的可选范围越来越大，这个时候就迫使我们不得不去思考之前从来不曾想过的问题。例如：

客户为什么需要这个价格？

这个价格到底是由市场价反推回来的呢，还是从竞争对手的报价中推断出来的？

假如是从市场价反推回来的，为什么会是这个市场价？

市场上是不是发生了什么其他的事情，例如是不是客户的竞争对手突然降价？

客户的竞争对手为什么会降价？是产品卖得不够好，还是他从供应商处拿到了更低的价格？

客户给我的这个价格，真的是既定且无法改变的吗？

客户给我的这个价格，到底是他真的需要还是他想换取其他条件的幌子？

客户给我这个价格，和给我竞争对手的价格，会不会不一样？

假如你已经开始去思考这些问题，恭喜你，你已经开始了从工厂思维向市场思维的转变，懂得了客户跟你说的每一句话，都来自他的角度、立场和利益，而这些统统都是受到市场变化影响的。想要透彻了解采购思维，我们首先就得对目标市场有充分的了解，而不能够再像以前一样，永远都只会做两件事情：报价、降价。

说到采购思维，我们就必须了解采购流程。尼尔·雷克汉姆提出的采购三阶段经典模型，将采购分为三个阶段。

需求形成阶段，客户最在意的是如何形成适合自己的明确需求，其次才轮到费用、成本。

方案评估阶段，客户最在意的是哪个方案可以帮助他解决问题，实现目标，对于价格的关注度反而是最低的。

采购决策阶段，客户最在意的是如何降低决策可能带来的风险，至于价格则是能压下去最好，压不下去也不影响采购。

接下来我们就从采购的角度来做细分。

发起需求阶段

客户给我们发个询盘邮件，或者当我们主动接触客户的时候，对方说"你给我报个价吧"。

此时需要注意的是，即使是之前有做同样产品的客户，他在本阶段的需求也有可能是不明确的，更不用说那些原本没做过这个产品的客户。然而，偏偏有许多供应商，很喜欢在这个时候问"What is your request?（你有什么需求）"或者"What is your target price?（你的目标采购价是多少）"。

说实话，站在客户角度，他有可能只是在市场上看到某个产品卖得不错，想看看自己有没有可能也引进一下；又或者他觉得现有供应商不是很可靠，尽管他也不是很确定到底不可靠在哪儿，但就是想看看有没其他的选择。我相信你一定遇到过这种情况，和某个客户沟通之后，觉得他的需求不明确又或者他看上去很不专业的样子，于是就随便报了个价格过去然后就不管了。

假如这样的话，我们就很有可能会和一些真正的客户失之交臂。因为客户真正的需求，其实是需要销售人员和客户一起开发出来的，而不是客户单方面提出来，几乎所有客户在一开始提出来的所谓"需求"，其实都只是"期望"层面的东西。举个简单的例子："我想买个苹果"背后的原因到底是"我饿了"还是"我馋了"还是"我想送人"？在沟通之前，销售员不可能知道，甚至客户都不知道。在这种情况之下假如我们盲目报价，客户就会很容易觉得"这根本都不是我需要的呀"或者"太贵了"。

与此同时，许多客户知道销售员们喜欢问"你的需求是什么"，于是，他们在跟供应商接触的时候，都会看似很专业地详细列出他们所谓的需求。此时，供应商很容易就会被吓到，以为客户非常专业，特别了解市场，然后就会报出比较低的价格，但是这些所谓的需求，很可能只是客户通过简单的市场调查杜撰出来的而已，连期望都说不上，更不用说需求了。

所以发起需求是很重要的第一步。大家有时候会发现，你的产品很好，你的价格很好，你的一切都很好，但客户就是不下单，其原因就是没有发起需求，毕竟对于大多数公司来说，采购是有周期的。

需求明确阶段

在我们买车的时候，最终成交的车型往往跟一开始想买的车型是不一样的。

B2B采购亦是如此。搜寻供应商的过程其实也是客户进一步明确需求的过程，通过对供应链信息的搜集和整理，买家大脑里面的采购概念会一点点清晰和明确。在这个过程当中，谁越能帮助客户清晰概念，客户对谁的印象就越深刻，但是无法避免地，也总会有"炮灰供应商"的出现。

什么是"炮灰供应商"？

实际上就是客户选择一家最没有成交可能性，但服务态度最好的供应商，然后尽最大可能去向对方学习各种行业与产品的专业知识，再将这些现学的知识展示给其他的供应商："瞧！你看我多专业。"

这个时候问题来了，买家是怎么判断与供应商有没有成交可能性的？

要么供需双方体量上不匹配，要么价格、付款方式等商业因素不合适，要么觉得卖家无法让自己信任，要么觉得供应商业务员不够专业，等等。请大家记住一句话，客户并不一定知道自己需要什么，但客户一定知道自己不需要什么。引导客户的认知不容易，要扭转客户的认知则更难，假如在客户的心目中已经将你判了死刑，但你依然极力往对方跟前凑的话,对于他来说,何乐而不为?

所以对于双方之间根本就不匹配、完全没有成交可能性的客户,服务越好就越浪费时间。因为此时你连备胎都算不上,作为销售员,有时候我们还是得现实一点。

潜在供应商阶段

潜在供应商有一个比较接地气的词,叫"备胎"。

事实上,所谓成为客户的备胎,并不是大家理解中的静静地付出,默默地关心,然后等待上天赐予我们一个上位的机会,更不意味着对方能够对我们呼之即来挥之即去,动不动让我们报个价、免费寄个样品、赞助一下对方公司年会的奖品。

在销售领域,我们知道并非所有的线索都是商机,并非所有的客户都能够成为潜在客户。同样道理,站在采购的角度,也并非你是做相同产品的供应商,就能够成为潜在供应商,它其实有着比较严苛的标准,譬如如下三点。

(1)你的定位需要和我相匹配。举个简单的例子,假如我一直采购的都是二、三线品牌的空调,那即使格力再好,都不会成为我的潜在供应商。甚至有可能供应商越厉害我越抗拒,"店大欺客"这种事情,每一天都在发生,我不相信自己会是幸运的那一个。

(2)你的价格,需要在我采购预算范围之内。大家总以为客户的目标价格是个具体的数字,其实不然,那都是在最后快要下单的阶段拿出来唬你的。客户真正的目标价格,其实是一个预算范围(当然了,采购负责人的岗位权限决定了他是否具备修改预算范围的能力)。这就意味着，假如我是一个负责采购手机的人，当我的预算范围是5 000～6 000元的时候，锤子就很难成为我的潜在供应商，价格越低反而会被推得越远。（想象一下你们在接触客户的时候，是不是经常意图用低价吸引客户，但其实有时候效果是适得其反的。）

（3）你的方案，要能够解决我的实际问题。又或者说，你能够证明，你的方案确实能够解决我的问题。作为客户，假如我都没有跟你实际合作过，我如何判断你的方案是否能够解决我的问题，又或者至少相信你的方案有可能帮助我解决问题，从而花费时间跟你探讨下一步工作？简单来说就是两点，看公司以及看个人。

看公司，主要看公司的规模实力、发展状况、专业程度，以及是否具备同类型案例操作经验。

看个人，主要看"你懂我吗"，也就是是否真正了解我的需求，关心我的利益，愿意帮助我解决问题。

假如这两点不过关，那就意味着"能力证实"这一点你做不到，自然也不可能成为我的潜在供应商。

综合如上几点我们可以发现，"潜在供应商"其实是采购员心目中的一个重要清单，只有能够进入这个清单的供应商才会有后续的合作。就如同我在外贸 G 友团 2017 深圳年会上讲的那样："谈判是目的一致，但是目标不一致的双方/多方，通过协商和互相让步来寻求意见与利益统一的过程。"假如你都不在我的清单里面，我根本就没有向你采购的心思和可能，那有什么好谈的？

所以作为销售员，进入客户的清单，成为"潜在供应商"，是我们在前期最重要的目标。

那么，我们怎么判断自己是否已经进入潜在供应商清单呢？

判断标准只有一个，那就是客户是否已经开始愿意为我们付出了，也就是说，客户是否开始给你"行动承诺"了。譬如在跟客户谈完电话之后，我们说"是否可以约上贵司的工程师，在下周一开个电话会议，深入探讨一下贵司的技术要求"时，假如客户死活不答应，那就是不愿意给你行动承诺，在这种情况下，我们心里肯定要咯噔一下："糟糕，出问题了。"

所以，假如某个客户一直找你询价，但每次你报价之后又没有回音，他到底有没有订单，订单下给了谁，为什么不下给你都不说；又或者当你跟客户要求某某信息用于报价，他都不肯给你的话，那么你肯定不在对方的潜在供应商清单内，你连做"备胎"的资格都是没有的。

而假如你已经进入了潜在供应商清单，恭喜你，万里长征至少已经走完了一半，接下来我们的着眼点就要放在如何用更好的方案去满足客户的需求了。

采购谈判阶段

绝大多数 B2B 业务都是有谈判的，再不济客户也会说一句"还是太贵了，你再便宜一点"，除非在客户的预期中，他可能收获的利益并不值得他专门开展一场谈判。

大多数的人在和买家进行谈判的时候，是处于弱势地位的。原因很简单。

（1）毕竟现在是买方市场，只要我们还渴望对方的订单，我们难以避免就会陷入被动。

（2）买家相比卖家有一个最大的优势，那就是信息的不对称。不管他说"市场竞争很激烈，所以我需要更低的价格"，或者"库存很多很难消化，所以我需要更低的价格"，又或者"已经有很多工厂给我报了很低的价格"，只要你不够专业，只要你没有掌握足够的信息，你就只能选择相信，这是最大的被动点。

我在《外贸大牛的术与道》里曾经提过这样一段话：

"在采购界，有三个'永远'，面对供应商的价格，我们永远只需要说一个字，'贵'；永远要让供应商感觉我们是有单的，他接不到单只是因为我们把单下给了别人；永远不要让供应商知道我们必须得下单给他。"

这就是采购员最大的优势，许多初级的买家，就是通过这一招牢牢锁死供应商的，你问他目标价格是多少，他从来不会回答你而永远只会说"I need lower price（我需要更低的价格）"。

那么，我们要如何判断客户是否进入了采购谈判阶段呢？

首先，我们要确认自己已经通过了前面的三个阶段，否则即使客户说"你太贵了"，我们也没办法将其视为谈判的开启。

其次，客户最大的着眼点，开始落在了"风险"上，譬如"供应商的方案到底能不能解决我的问题""供应商的承诺到底会不会兑现"等。想象一下，假如对方没有跟我们采购的心思，这些问题是不是都不用考虑？

在这个阶段，客户已经可以下单了，只不过他还需要通过谈判手段，来为自己争取最大的利益和最低的风险。

那么对于销售员来说，我们应该怎么办？在接下来的章节，我们再来做详细探讨。

订单执行阶段

到达这个阶段，意味着前端销售工作已经完结，中端销售工作开始切入。只不过有个问题我想提醒大家，决策订单下给谁的人，跟下单后进行订单跟进的人，是同一个人吗？

举个简单的例子，有时候我的采购执行人员会向我抱怨，说供应商配合度不够，或者态度不够好，或者邮件回复慢，又或者发过来的文件都是一堆没法看的垃圾，但是这些抱怨，大家觉得作为老板的我会关心吗？不会，我关心的只会是产品的质量、公司的利润，或者其他一些客户在意的关键点。

反过来同样道理，在订单执行阶段，假如决策者与跟进者是不同的两个人，就算你把跟进者服务得再好，对于下一张订单的决策也是几乎没有影响的。所以这也是为什么许多销售人员抱怨客户不"忠诚"，自己服务得那么好，随传随到，结果对方还是说换供应商就换供应商。

但事实上，有没有可能是我们服务错对象了？又或者说，我们所谓的"好服务"，根本就不是对方关心的？

我们先来梳理一下客户公司里面不同岗位的人到底都在想什么。

老板考虑的是市场及客户的需求与供给之间的匹配、公司的利润和流水。

技术员考虑的是产品规格是否符合技术要求。

销售员考虑的是公司能不能够有更便宜、更好的产品来提高自己的业绩，满足客户的需求。

采购员考虑的是如何满足公司内部需求，稳定不出差错。

财务人员考虑的是付款方式是否有利，公司现金流是否稳定。

通过以上几点，其实我们可以发现，采购人员作为供需双方交流的主体，地位反而是客户公司里最低的，他的决策要受到多方面的影响，尤其受销售员的影响。

作为上游供应商，我们今天和买家所谈的一切，都是受终端市场影响和推动的，那么客户公司的销售人员，甚至于客户的客户，乃至终端的消费者，他们的想法对我们就有着非常重要的意义。譬如，大家有没有想过换供应商对于客户公司的销售人员来说其实是一件挺烦的事情？因为这意味着他需要投入更多的时间和精力去适应新的东西，此时他就容易对更换供应商产生抗拒情绪，这一点对于我们新供应商来说肯定就是不利的。

假如你能够看到这一点，能够看到你和采购人员其实并不是对立的，而应该是同一战线的战友，那么你就应该努力地给对方提供充分的理由，帮助他去说服公司里包括销售员在内的所有人。与此同时，在拜访客户的时候我们最好去见一见客户公司其他岗位的人，尤其是销售岗位，去听听他们到底在想什么，痛点在哪里，需求在哪块，毕竟我们的产品最终还得靠他们卖出去。

有一点请大家牢记：除非迫不得已，否则联系客户公司其他岗位的人，一定要事先让采购员知道，或者让采购员陪同，因为跳过采购员去联系他后面的人，其实是个很大的禁忌。

尽管采购员是一个满足内部需求的岗位，但是，对采用你作为供应商这件事他未必具有决策权，可对于不采用你作为供应商，他还是有很大话语权的。很多供应商总是存在着一种错觉，觉得客户公司职位越高的人说了越算，所以总是倾向于找高层谈合作，然而当我们了解采购流程我们就能够很轻易地发现，客户公司的决策层一般只会在某个特有的阶段出现，例如当采购员把最终剩下的三家潜在供应商提交给他决策的时候。

至于其他的阶段，就算是你跳过采购员找到客户老板，他也会把事情转交给采购员处理，但是在这种情况下你基本就把采购员给得罪了。之后他可能就随便找个借口把你"打进冷宫"，因为这种供应商在采购员的眼里是很危险的，所谓"阎王好见，小鬼难缠"就是这个意思。

所以，无论如何，我们都一定要争取和采购员站在同一阵线，尽量消除信息不对称带来的不良影响。举个简单的例子，至少当我们探寻对方真实意图的时候，他还能跟我们透露一些。

采购思维本质上是从工厂思维向市场思维转变，但同时它也是了解竞争对手的最佳方式。举个例子，不少人都曾经买过竞争对手的产品做分析，但是我相信大多数人都将眼睛放到技术层面或者销售层面上，例如"材料比我差""工艺比我好""价格比我便宜"诸如此类。从来没有试着站在客户的角度去判断，例如"假如我是美国一个零售商买手，我会不会想要采购这个产品？"会，原因是什么，不会，原因又是什么。假如我们学会这一点，从这个角度分析可以拉出许许多多的问题和信息，而且绝对是我们站在销售角度从未想过的问题。

当局者迷，说的其实就是这个意思，就好像我们参加了那么多届展会，从来就只想着借助展会开拓客户拿订单，而从来没有想过展会是最好的搜集市场信息的渠道。举个简单的例子，我们公司去展会一直都是分两路人马，一路销售人员，一路市场人员，那么市场人员是去干吗的？搜集市场信息和行业信息，尤其是以采购员的身份去搜集行业信息，用采购员的视角去看待我们的竞争对手们。问自己假如我是客户，我会不会跟他们买？为什么？他们好在哪里？又有哪些不足？好的和不足的，我会更在意哪个方面等，之后再出具一份报告提供给销售的同事们。就例如有一年广交会，我们市场部的同事做了一份7页纸的报告，当销售部的同事拿着这份报告去跟客户沟通时，客户都震惊了，说："这原本是我们的工作，居然让你们给完成了。"

再次强调一下，采购思维实际上只是一种换位思考，是看待同一个问题的不同维度罢了，说起来简单，但由于大家的日常工作并不是采购，所以要深入了解它并不是一件容易的事情。就好像我几年前刚刚从事采购工作的时候，我也很容易对供应商产生同情心，想着"算啦算啦你们也不容易"，结果该有的利益都没有去争取。

在这里我给大家两点训练采购思维的建议。

（1）做任何工作的时候，都先想一想，假如我是客户，我会怎么看？

（2）假如你们公司有采购部门的话，别嫌麻烦，尽量参与进去，这是性价比最高的锻炼采购思维的方法了。

第五节　如何为客户创造价值

对于客户来说，到底什么是价值？

我想肯定有人会说，价值不就是价格低吗？我的产品价格足够低，就能够给客户创造更多的利润啊。

可是这种说法是错误的。价格是价值的货币展示，但价格是不能脱离其他因素存在的，例如质量。如果你的产品质量达不到要求，即使价格再低，对于客户来说价值也等于是0，因为他根本卖不出去。这是一个非常浅显易懂的道理，所以很多人在面对客户说"哎呀，你的产品价格怎么那么高"的时候，总会说一句"我们的产品质量好啊"。这一句在销售员看来无比正常的回答，到了买家的角度，会觉得非常荒唐，而且暴露了销售员是一个新人的事实，因为质量好绝对不是靠嘴巴说出来的。

你不是在卖产品，而是在和客户一起买产品

朱子斌 Ben 在外贸 G 友团深圳沙龙的时候说过，质量其实是一个可以量化的指标，你说你的产品质量好，那好，有没有做过 R&R（重复性和再现性），三份品质书拿来看一下吧？不谈六西格玛（一种改善企业质量管理的技术），有没有做 CPK？或者 AQL（Acceptable Quality Limit，合格质量水平）是多少？作为销售，你所说的每一句话，都一定要有论据的支撑，假如有些问题你回答不了，就需要更加专业的人士出面解答，而不能信口雌黄，因为你实际上并不仅仅是供应方的销售人员，你同时还是客户的采购顾问，你所说的每一句话，所做的每一个动作，都影响着客户的决策。这个就是我想说的第一个客户价值：你不是在卖产品，而是在和客户一起买产品。

这一点很少有人能够做到，许多销售员在客户面前，总喜欢不停地向对方诉说自己的产品多好，以及能够给对方带来多大的好处，这些就都只是在卖，因为他们所列举的好处，很多情况下都只是自己臆想出来的。

为什么？

因为你都还没有了解过客户的痛点以及需求是什么，你怎么能够确信你所说的好处，就是客户所在意的？你又怎么知道客户到底是看中价格，还是货期，还是付款方式，还是质量，还是服务？当然你可以说没关系，"只要我每一个点都能够做到最好，都能够满足你就足够了"，假如你真的这么以为那就大错特错了，这个世界上绝对不可能存在一家价格比别人低，货期比别人快，质量比别人好，服务比别人棒，还能比别人更加能够接受特殊付款方式，方方面面都比别人强的公司。任何公司都有自己的优点和缺点，所以我们只能够去满足那部分认同自己优点而包容或者忽略自己缺点的客户。

举个简单的例子，就好像车一样，我们会发现，很难找到一辆能够100%满足我们要求的车，有的没有全景天窗，有的没有定速巡航，有些价格特别贵的车居然还是机械脚刹而不是电子手刹。站在消费者的角度，我们会觉得很奇怪，这些功能很难吗？不难，只不过真的没有一个产品能够满足得了全世界的人。那么你最终选择一辆车的关键点是什么？关键点就在于这辆车是否能够满足你的核心需求罢了。所以，换到我们的角度，不管我们是在做客户销售，还是产品开发，还是市场营销，假如我们试图去实现所有的功能，去满足所有的需求，最可能出现的结果，就是精力过于分散无法聚焦，品牌过于模糊无法明确，每样功能我们都有，但每样功能我们都不深入，这种情况下最容易被淘汰的就是我们。因此，我们最需要做的，就是明确客户的核心需求，然后调动我们的核心需求，去100%匹配他。

要确认客户的核心需求，对于销售人员来说，最有效率的方式就是问。

但是要问什么问题好呢？你不可能像查户口似的一下子几十个问题全都丢到客户面前，那样绝对会吓跑对方的。你需要重点确认的是客户的本次采购，或者说本次询盘，到底是基于什么样的目的，或者说，想解决什么样的问题。

在前面的章节我们说过，客户提出来的要求和他实际上的需求是有很大可能不匹配的。拿我自己举个例子，我最近想换台电脑，一开始我固执地认为独立显卡是必需的，谁劝都没用，却没有想到不管我曾经多么热爱玩游戏，现在我都已经许多年没有碰过电脑游戏了，这样的话我真的还需要独立显卡吗？往深了想，我同样理不清我要的到底是商务本、超极本还是平板本，甚至，我真的需要一台新电脑吗？

在深圳沙龙的时候，有个同学就提出了类似的问题，大意是这样的，客户要求用A材料，但我们拼尽全力最多只能用B材料，怎么办？

正常情况下我们肯定就是跟客户道歉，而客户见我们做不到，自然也扭头就跑，但其实我们有没有尝试去问客户一个问题："亲爱的客户，请问一下您要求A材料背后有没有什么秘密原因呢？"客户可能会回答你"因为A材料性能表现更好啊"。他也可能会说"没有为什么，我看前任采购人员都是这么要求的我也就照着做了"。这个时候无论客户的回答是什么，至少你能够把话接下去了，例如，"市场真的需要A材料所带来的性能吗？"例如，"工程师要求这么高的性能有没有可能只是基于工匠精神？"例如，"为了使用A材料而让成本上升50%真的值得吗？"诸如此类。之后我们说不定就能够找到即使不使用A材料也能够帮助客户解决问题的方案。这种沟通方式，这种尝试去理解客户采购背后潜藏着的实际需求的工作方法，这种提供解决问题的方案而不单纯只是销售产品的思维，就是在和客户一起买。

基于以上所述，我们在日常工作中就不得不从"卖点思维"转向"买点思维"。所谓买点，就是客户向我们购买的理由，所谓创造客户价值，实际上也就等同于给客户提供向我们购买产品的理由。

那么，什么是客户购买产品的理由呢？

站在买家的角度，价格真的不是想象中的那么重要，就好像格力空调的价格全中国最高，为什么还是有那么多的客户争相订购？但是为什么在日常工作中，客户最经常对我们说的一句话却是"Your price is too high（你的产品太贵了）"？

原因很简单，因为这句话是客户最容易拿来拒绝供应商的，进可攻退可守。可是我们的产品真的价格太高了吗？客户总共就买一个柜，给他降1%也不过就是几百美元，客户就真的那么缺这点钱？其实不是，客户并不是缺这点钱，而是你的产品不值这个钱，或者不能够让客户看到它值这个价钱，从而找不到买你的产品的理由，而这个理由，就是买点。

所以，站在采购员的角度，面对供应商的第一次报价，他的目的只是为了确认对方的价格水平是否在采购预算范围之内而已。假如是，他再来开展下一步的工作；假如不是，要么更换供应商，要么调整预算。因此，我们真的没有必要把价格看得太死，在我们之前的章节已经说了，只有在客户确定了潜在供应商清单之后，才会真正开启有关价格的谈判。因此，对销售员来说，关键就在于我们要给客户提供什么样的理由，让他把我们列进潜在供应商清单。又或者说，我们要给客户创造哪些价值，去匹配对方的哪些买点。

占据客户采购链的大部分

在很多客户心里，采购并不是一个赚钱的工作，而是一个省钱的工作，甚至有些公司会将采购作为应届毕业生入职之后用于轮岗锻炼的第一个岗位。在有可能的前提下，客户会倾向于将更多的精力放在市场端与客户端，然而实际上，由于各种各样的原因（例如可靠的供应商实在不多），他不得不去处理供应端的工作，跑跑展会、砍砍价、验验货，这也就是许多采购代理公司存在的价值，客户倾向于花钱购买服务，让他的精力能够解放出来做更有价值的工作。

所以我们的客户到底想要什么？不外乎就是货物安全到达海外仓库，然后对方什么事儿都不用管，也不用操心质量问题，对吗？那么我们需要做的，就是根据这个思路，去想尽办法减少客户需要操的心。

（1）质量把控上，我们可以定期给客户发一些视频或者照片，从来料检验开始，到加工、组装、检测、装柜、发货，每一个关键环节都给客户提供资料，是不是可以让客户觉得更加放心？

（2）流程监控上，我们可以在云盘上做一个同步文件夹，里面包含客户需要知道的所有关于订单的信息，包括型号、数量、价格、货期、进度状况，以及现在需要客户做什么事情。客户每次只要打开这个文件夹，就能知道自己的订单进度，而根本不用特意发邮件询问。

（3）物流方案上，曾经有人吐槽客户的指定货代又贵态度又不好，说干脆我们做EXW（Ex Works，工厂交货）好了，工厂只负责生产和装货，出了厂门之外的事情一概不管，类似这样的思维绝对是一种历史的倒退。

当你在客户的生意链条中的比重越来越小的时候，你的存在感就必然会越来越弱，你的话语权也一定会越来越小，被取代的可能性也会越来越高。假如这个时候，客户的货代公司跟客户说"我偶然认识另外一家中国供应商还不错，你要不要试一下"的时候，客户低头一想，换掉你似乎不会对整盘生意有多大的影响，自然会说，"好吧，试一试也没有坏处"。确实，我们生产端都在拼命地往贸易端和物流端靠近，物流端又凭什么不能往生产端和贸易端靠近？但是，假如我们能够占据客户整条生意链的大部分，产品从中国到目的港的物流、进口通关、仓储都是由我们把控的话，客户一旦换掉我们，就几乎要砍掉原有生意链条的一半，难度是不是就会很大？我们对于客户的价值比重是不是就很高？

所以，价值并不一定非得通过更低的价格、更新的技术、更好的工艺来实现，这些都是硬件层面的价值。在软件层面，很多时候我们只需要转换一下思维模式，就完全有可能获得跟过往截然不同的结果。

最后，我们要如何体现对客户的价值呢？

在现实世界里更多的情况并不是我们的产品和服务无法为客户创造价值，而是客户根本看不到，或者不相信我们能够为对方创造价值。举个简单的例子，一家在街头门面破烂的小餐馆，老板说他有着清朝流传下来的秘方，味道天下无双，但是你看了一眼，发现里面四张桌子有三张都有苍蝇，没有人，你会相信吗？我觉得你连试都不会想去试。同样道理，你说你是顶级工厂，你说你是行业第一，你说你的产品质量很棒，但是你的官网做得一塌糊涂，你打电话给客户结结巴巴说不出个所以然，你的开发信连字体、字号、颜色都不统一，一眼看过去就好像打着补丁的破衣服，你说客户看了之后，信还是不信？

所以，在客户尚且不清楚我们能够给他带来什么价值，对我们存有"有罪判定"之前，最关键的并不是我们说了什么，而是我们是怎么说的。此时我们的表达方式的重要性要远远大于表达的内容，例如我们的官网没有办法在 3 秒钟之内让客户产生兴趣的话，客户怎么可能还会留下来看我们到底在说什么。这是我认为最关键的一步，叫作"建立信任"。

具体怎么做，大家可以翻一翻之前的章节，我们说过信任有四种类型，分别是职业信任、专业信任、关系信任和利益信任。假如要从专业的角度切入，那就意味着我们所有触及客户的信息包括官网、开发信、报价单、规格书、产品图片、公司介绍、电话稿等等，都需要从客户的角度重新设计，而不能一味以自我为中心。最简单的方法，就是把你的这些资料发给信得过的朋友，看对方在初次接触这些资料的时候，内心是什么样的感觉，请对方站在接收方的角度帮你提意见。

亚当·斯密有一句这样的话："我们希望吃到的晚餐，并非来自屠夫、酿酒家和面包师的恩惠，而是出自他们自利的打算。我们不说唤起他们利他心的话，而说唤起他们利己心的话；我们不说自己有需要，而说对他们有利。"对这一句话我们一定要有非常清晰的认知。没错，我们要的是客户的订单，但归根到底我们只有首先让客户通过我们的产品或者服务获得价值，才能够获取自己想要的东西。所以，当我们面对客户的时候，唯唯诺诺是没用的，卑躬屈膝也是没用的，通过乞求得来的东西叫作恩赐，通过实现自身价值得来的东西才叫交易。

第七章 客户的这些行为我不理解

第一节 客户为什么非要见老板不可

之前我们说过客户的期望、需求和动机,接下来我们来看一个销售员经常遇到的问题:客户一直在压价,并再三要求见老板,我们到底让不让见?

在我们分析客户为什么要见供应商老板的动机之前,先回顾一下尼尔·雷克汉姆提出的采购三阶段经典模型:需求形成阶段、方案评估阶段、采购决策阶段。

大家认为,客户要求见老板时最有可能处于哪一个阶段?

我以为,客户处于采购决策阶段的可能性最高,否则他根本就没有压价的必要。

从这个角度出发,我们就能够判断客户非要见老板的原因是什么了。客户觉得我们不够分量，不能帮助他降低风险。他要的不一定真的是更低的价格，而是为了确保他现在拿到的价格，已经是最低的。

所以，作为销售员本身，我们有两个选择。

（1）告诉客户，老板来了也没用，我就是权限最高的那一个。

（2）邀请老板出席。

第一个选择是否可行呢？

我认为在这种情况下，是不可行的。大多数销售员在遇到这种问题时都会强调自己是负责人，但假如客户再三提起，那就意味着我们给不了客户信心。此时如果我们坚持不让客户见老板，反而会引起客户的逆反心理，或者认为我们不够重视他。

那第二个选择又如何？

我相信大家一定遇到过老板一见到客户立刻肾上腺激素上升，兴奋得不得了，而且为了表现自己厉害、权力大，满不在乎地一把推翻销售员之前苦苦坚守的底线，该答应的不该答应的全部都答应，回头还要怪销售，这种质量的客户跟订单怎么你也接啊？对于这样的老板，我只能说，一定要考虑企业的发展阶段。假如你是创业的小公司，每天都在为了订单活着，那么不丢失任何一张订单是你最大的任务；假如你的公司已经上了轨道，初具规模，而你依然这么干的话，那就是格局有问题了。

所以，假如我们邀请老板出席，一定要约法三章：去到会议室，老板担任吉祥物就好了，客户说什么他都笑，客户要什么他就都指着销售员说："HE IS MY BOSS"，客户要更低的价格就说真的已经没办法了，又或者谈愿景谈使命谈战略就是不谈订单和价格。这么做目的就只有一个，强化客户对我们的信心，以自己的职务帮助客户降低

风险。

很多时候我们看待问题,总是看到最表面的那一层,或者客户告诉我们的那一层,然后把力气都往上面使,之后我们总会发现问题根本无法解决,因为这些统统都属于"期望"层面而已。更关键的是我们要看到隐藏在表面问题之后的本质问题,例如客户提出这个要求到底是基于什么原因,想要解决什么问题,这才是我们重点要去分析的"需求"和"动机"。

第二节　客户的目标价为什么比我们的成本价还低

外贸人普遍比较单纯,一直以来的工作多数都是客户问什么就答什么,客户要什么就给什么,没有太多处理"情绪"和"异议"的经验,因此每当客户提出一个我们没有办法满足的要求,或者当客户用强烈的情绪提出反对意见时,大家瞬间就慌了。譬如之前门徒俱乐部东莞线下课的时候,就有位同学给我提供了一个案例,大意是由于种种原因,客户在付款后一直拿不到货,这件事情客户也有一些责任,所以本来他和老板打定主意了,赔礼道歉可以,但要钱就是万万不能的。可是,当客户飞过来跑到他们公司,拍着桌子说"你们这么做就是在浪费我的时间,你知道吗?我浪费在你们身上的每一秒钟,就是在不断地扔钱"的时候,他和老板瞬间妥协了,最终的结局就是降价了事。

所以我一直觉得外贸人都有非常大的必要学习谈判学,了解如何守住自己的底线,识别客户的套路,争取最大权益,同时还要让客户满意。

那么，到底要如何识别客户的套路？譬如，客户告诉我们他的目标价格，我们一看，这个目标价格居然比我们的成本价还要低，这到底是不是一种谈判的套路？我们又应该怎么办？

首先，这并不一定是客户的套路。

（1）有些时候大家总觉得自己是工厂，价格一定比贸易公司更加有优势，但其实真的不一定。

（2）你所知道的成本并不一定是真实的成本，有可能只是老板给你的成本而已。

（3）这个世界上总是有一些没有节操的公司，在用你永远想象不到的低价格接单。

所以，当客户提出的目标价格比我们的成本价格还低的时候，千万不要急着跳起来说"你这是在开玩笑"或者说"这不可能"，这是在挑战客户的认知。雷鸣 Alex 曾经说过一句这样的话："客户的认知就是销售的事实"，我们没有必要硬碰硬。而且要是客户真的没有在跟我们耍心机的话，我们跳起来那可就是在自取其辱了。

正确的处理方式是以下三步。

（1）坦然地告诉客户，这个目标价我们确实做不到。

（2）询问客户这个目标价到底是怎么来的，我们至少要知道这个价格是客户随口说说而已，还是市场价格倒逼回来的，还是我们同行的价格决定的。

（3）确认客户是不是非这个目标价不可。也就是说，确定这个价格是不是就属于客户的"非补偿性决策因素"（决定客户购买决策的关键因素）。假如是，那意味着只要达不到这个价格，那客户无论如何不会下单；或者只要能够达到这个价格，无论是哪个供应商客户都可

以下单。假如不是，那意味着客户的关注点除了价格之外还有其他，既然价格我们做不到，那我们就要去尝试挖掘客户的其他关注点在什么地方。

同时在此过程当中，我们要一点一滴地去判断，客户提出这个目标价格，到底是客观因素的需要，还是在跟我们耍心机。这又涉及我们对客户采购阶段的判断了。

假如客户在需求形成阶段提出这个目标价，那么很有可能是他对行业的了解还不是很清晰，需要我们去做进一步的引导，譬如以他这个目标价可以购买的产品根本就没有办法很好满足他的需求等。

假如客户在方案评估阶段提出这个目标价，那么有很大可能我们并不在他的潜在供应商列表内，因为此时客户对于潜在供应商，几乎是不谈价格的。而他和我们谈价格，关键就要看我们是否能够在价格这一要素上给予很大的吸引力，让他把我们引进到方案评估阶段。那么此时我们的做法，是要明确客户为什么要这个目标价（譬如有些客户就是会认为你要比我现有供应商低10%，才有更换的机会），以及我们到底有多渴望这个客户的订单。在这个阶段，假如我们不能初步达到客户的目标价的话，客户是有很大可能放弃将我们拉进方案评估阶段的。

假如客户在采购决策阶段提出这个目标价，那么有很大的可能，客户只是在压价，想提高自己的利润而已，在这个阶段我认为降不降价影响已经不大了，能坚持的咱们还是咬牙坚持。不管我们这个时候有多渴望这张订单，或者多害怕失去这张订单，此时客户的最大关注点并不在于价格而在于风险，与其就这么降价，我们倒不如从风险的方面去提醒客户：

（1）假如不跟我采购，他可能会失去什么；

（2）假如他跟其他公司采购，他可能会有什么风险；

（3）假如他不快点做决定，他可能会遇到什么。

从而去促使客户最终下决定。

谈判的本质到底是什么？

我个人的观点是共赢，你拿走你想要的，我拿走我想要的。

假如你想要低价格，而我想要大数量，那好，你拿走低价格，我拿走大数量。

假如你想要货期短，而我想要利润高，那好，你用更高的价格来换取我更快的货期。

假如你想要质量好，而我想要口碑好，那好，我给你提供最高等级质量的产品，但是，你必须使用我的商标。

所以在我看来，谈判应该是一种"正和游戏"，可是对于许多外贸人来说，谈判却是一场"零和游戏"，当我们拿到想要的订单时，往往意味着其他战线的全面溃败。

那我们到底应该怎么做呢？

我大学时有一位同学曾经跟我说过这样的一番话，他说："男女朋友的相处之道其实很简单，在她很在意而我不怎么在意的地方，我让步；在我很在意而她不怎么在意的地方，她让步。"我认为这句话基本说出了谈判的精髓，那就是：

（1）明确并坚守自己的底线（知道我自己最在意的到底是什么）；

（2）探索与识别客户的底线（知道对方最在意的到底是什么）；

（3）寻求双方的利益平衡点（将自己不在意的东西让步出去，换取自己在意的东西）。

第八章 谈判不是一味地退让

第一节 外贸大牛的谈判学

到底什么是谈判？

通过对采购思维的学习，我们已经明白了谈判并不等于销售，它是在进入了某个特定销售阶段之后才会发生的事情。

谈判并不是一个望尘莫及的词语，在我们的日常工作与生活当中，谈判无时无刻都存在，小到你去菜市场买菜，跟太太商量今天晚上吃什么，大到跟老板谈涨薪，跟客户谈订单，里面都有谈判的影子。只不过对于许多人来说，谈判只是一种无意识的行为，在偶然之间应用了出来，但是下一次遇到同样问题的时候不一定能够开启谈判。所以这一章的目的，主要就是想帮助大家：

（1）树立谈判的意识；

（2）把下意识的动作，变成一种有意识、有目的的行为，提高复制成功经验的概率。

两个常见的谈判策略

首先说一个我遇到过的真实案例。

在一次面试时，我对面试者挺满意的，于是当场给了她工作，然后问："你还有什么问题吗？"

她犹豫了一下，说："我是很想来的，但是我现在不在顺德，假如我要过来的话，我还不确定能不能说服我的男朋友。"

一听这话，我就笑了，说："那么假如我给你涨点工资的话，是不是可以帮助说服你的男朋友呢？"

她也笑了，说："是的。"

这位面试者所采用的，是不是一种谈判手段呢？

可以说不是，也可以说是。

说不是的原因，是根据我对她的了解，她并没有这种心计。但说是，则是因为她无意中用了两个谈判中最常用的策略：一个叫作"权力有限策略"，一个叫作"目标隐藏策略"。

什么是"权力有限策略"？举个简单的例子，有朋友要跟你借钱，你并不想借，这个时候你怎么办？说不想借吗？不行，这样你就得罪朋友了。说自己没钱吗？也不行，你昨天才刚刚在朋友圈晒了自己的iPhone X。所以这个时候最好的办法，也是最多人用的方法，就是面有难色地说："我家是媳妇管钱，要不我现在回家去跟她商量一下然后拿钱给你？"有眼力见儿的朋友自然这个时候会说："别了别了，还是

算啦。"

因此,表明自己的权力是有限的就是谈判中常用的一种手段。例如在一开始的案例中,面试者表明自己很想来,只不过还得去说服男朋友,这就是一种权力有限策略。因此,这也是为什么许多老板的名片上都只印着销售经理、销售总监,一旦他们被客户逼急了,都会装模作样地说"不行啊,这个条件老板不可能同意的"云云,他们不在名片上印刷创始人、董事长、CEO几个烫金大字的原因,就是这个头衔只在双方刚会面的时候起作用,而在实际谈判中,作为权力最大的那个人,假如他被逼到墙角了,还有谁能够来救他?

至于"目标隐藏策略"则更常见了,大家在印度客户手上肯定遇到过这种策略,他们永远只会告诉你"I need your best price(我需要最好的价格)",但从来不会说什么样的价格对于他来说是最好的价格。这个策略的关键点就在于,我只说自己的问题和困难,但是对于如何解决这个问题和困难,我不提,也不明确说明在这场谈判中我到底要的是什么。因此,这个时候你为了双方能够达成共识就不得不绞尽脑汁地想着如何帮助我来解决这个问题。就例如在一开始的案例中,面试者并没有直接说想要涨薪,也没有说要涨多少,而只提男朋友难说服这个困难,那么假如我确实很想要这名面试者,这就意味着说服她男朋友的这个难题就变成了我的问题,而且由于对方并没有明确说要怎么才能说服她的男朋友,我就得一次又一次地让步,提出越来越好的方案,直到对方满意为止。

看完了这个案例,我想请问一下大家,在你的认知中,到底什么是谈判?

作为客户,我们给供应商发了询价的邮件,这叫谈判吗?

作为供应商，我们给客户发了份报价表，这个叫谈判吗？

其实都不是。

简单而言，谈判其实就是目的一致，但是目标不一致的双方/多方，通过协商和互相让步来寻求意见与利益统一的过程。

这里面有三个关键点：

（1）目的一致，但目标不一致；

（2）通过协商和互相让步；

（3）意见与利益统一。

目的和目标到底有什么区别？

举个简单的例子，假如现在是战争年代，我的主城池正在被敌人围攻。但由于主城里的部队人数严重不足，无法击退敌人，于是我就从其他城池派出了两支部队，一支部队去支援我的主城池，另一支部队去攻击敌人的主城池，以起到"围魏救赵"的作用。

请注意了，这两支部队的目标是不一样的，但是他们的目的却相同，那就是让敌人退兵。因此在这个过程当中，我就必须死死地牢记这个目的，去攻打敌人主城池的部队不能够静悄悄的，否则就没有办法走漏消息，让正在攻打我主城池的部队知道，那就起不到围魏救赵的作用；同时，这支去攻打敌人主城池的部队也不能够打得太猛，否则正在攻打我主城池的敌人感觉到救援无望，反而会更加丧心病狂地想把我的主城池打下来。

所以，我们千万不能够混淆了目的和目标的定义。所谓目的，是比较抽象的，可以理解成为我们的梦想、理想，是终极性的追求；而所谓目标，是比较具体的，是目的的阶段性分解和追求。譬如两年之后达到年薪一百万元，这个只是目标，达到年薪一百万元之后你要干什么，这个才是你的目的。

所谓目的一致但目标不一致，就是说一笔订单，你想要我们在单价100美元成交，而我想的却是在单价90美元成交，你跟我的目标就是不一致的，但是我们的目的却都是双方能够达成合作，对吗？这也意味着，假如我根本就不想和你合作，你跟我之间就是绝对不会有所谓的谈判的。

至于协商和互相让步，举个简单的例子，我是一个超级大的客户，我咬死了90美元不放，说"你能做就做，做不到就走"，压根儿就不想跟你谈，而你又不想丢了我这个客户，所以咬咬牙答应了，这个就不叫谈判，叫"割地赔款"。所以，谈判的双方，一定要是地位同等的个体才行，而且每当我付出代价的时候，一定也要对方付出代价，这才叫谈判。有一句话是这么说的："力量不均衡时，力量即为正义。当力量均衡时，正义就是力量。"这也是为什么我们讲究定位的原因，就是要让双方的力量能够均衡，我们才能够通过谈判发力，否则我们就只能够永远跟着对方的节奏走。

至于意见与利益统一，举个简单的例子，你的成本是95美元，但是被我逼着以90美元签署了合同，这个能不能叫作意见统一呢？表面上看，肯定能啊，既然你亏本都要接我的订单，那就意味着你有利润之外的其他考量。但是，让我们给合作加一个时间轴，今年你能够亏本跟我做生意，明年呢？即使明年可以，那后年呢？而且万一你亏损太多破产了怎么办？做生意肯定是要挣钱的，你不可能无休止地亏本跟我合作，否则就不叫真正的意见与利益统一。再者万一你突然之间更改谈判策略，不想再亏钱了，又或者你突然之间破产了，我就不得不投入资源重新谈判，或者重新寻找供应商，这些行为其实都是成本。

因此在谈判过程当中，目标并不是要达成我方利益的最大化，而是要达成联合利益的最大化，这样才能够确保你我之间的合作关系能够延续下去。

三个主要的谈判场景

在国际贸易行业中有哪些比较常见的谈判套路呢？我准备了三个场景。

1. 下单场景

不知道大家有没有看过电视剧《无证之罪》，女主角跟她的男朋友合伙杀了人，警方怀疑他们但是找不到证据，于是就把他们俩分开囚禁，告诉女主角"你的男朋友已经招供了，你最好还是坦白从宽"，同时也告诉女主角的男朋友"她已经招供了，只有你还在这里傻傻地坚持"。

这个其实就是大家非常熟悉的"囚徒困境"了。

两个犯罪嫌疑人被抓进了警察局，假如两个人都选择沉默的话，最终会因为证据不确定，两个人都会被判刑一年；假如A选择揭发，B选择沉默的话，最终A因为检举有功释放，B会被判刑十年；假如B选择揭发，A选择沉默的话，最终B因为检举有功释放，A会被判刑十年；假如两个人都选择坦白从宽的话，由于证据确凿，最终两个人都会被判刑八年。

大家都知道，理论上来说对于双方最好的选择就是都保持沉默，可是由于相互间的不信任，双方都想让自己的利益达到最大化，于是，双方都会选择揭发，结果反而都会被判刑八年。

这个谈判套路在国际贸易中也是非常常见的。举个实际工作中的例子，我是客户，手头上有100万美元的订单，而且流程也走到了采购决策的阶段，现在就只剩下两个规模、实力、产品、价格不相上下的潜在供应商，于是我跟他们说："我快下单了，但是我还是需要更低的价格，谁先降价，谁的价格更低，我就把订单下给谁。"

这就是非常典型的"囚徒困境"，我们可以来设想一下，由于我现在只剩下两个供应商，而且我是非下单不可的，这是不是意味着假如双方都不降价的话，我还是得按照现有的价格下给其中一方？理论上，这是对供应商最好的结局，即使有一方没有拿下订单，还可以等下一次机会，至少价格不会越走越低，对下一张订单造成压力，对不对？

但是，事实上，这种理论上对于供应商最好的结局很少出现，因为其中一方总会想，要是我坚持不降价但是对方降价了，我岂不是什么都没有了？因此最终的结局往往就是：双方都降价了。客户哈哈大笑地随便找了一家供应商合作，而且市场价格还进一步走低了。更糟糕的是，客户说"我对价格还不满意，来，你们再降一个回合"。这对供应商来说是最坏的结局。

那么，我们到底要如何来破解这种囚徒困境呢？靠供应商之间的沟通和联盟可以吗？

答案是很难，因为我们没有办法对其余供应商的承诺进行约束，而且更关键的是，假如我确定对方不会降价，那么对于我来说，背叛联盟反而是对我利益最大化的选择。类似这样的事情我试过。我曾经和另外一个供应商进入了订单的最后一个环节，客户也表态了，谁降价就把订单给谁，本着合则两利分则双输的原则，我找到了对手供应商的业务员，说要不我们都不要降价吧，对方一口答应了下来。于是，我就傻乎乎地坚持不降价，结果几天后我发现，客户把订单下给竞争对手了，因为对方直接就把价格降了下来。

既然沟通没有办法解决这种困境，我们到底应该怎么做？

传统解决囚徒困境有两种办法：

（1）给承诺施加约束，譬如电影里面的黑社会成员被警察抓了进去之后往往选择不揭发，因为揭发带来的不良后果更大；

（2）给博弈增加时间轴，把单次博弈变成多次博弈，在第一次博弈的时候不管对方怎么选择你都选择合作，然后在第二次博弈的时候，看上一轮对手是怎么选的，他合作你也合作，他背叛你就背叛，称之为"针锋相对"。

但是这两种做法都不是很适合现实的商业情况，因此我想跟大家介绍下面这种方法。

在之前我们无数次提到了尼尔·雷克汉姆采购的三个阶段：需求形成阶段、方案评估阶段、采购决策阶段。那么大家认为，当我们进入囚徒困境的时候，一般会在哪个阶段？

没错，一般会在采购决策阶段，那么在这个阶段，客户最在意的是什么？

让我们试着来揣摩一下客户的心思。在采购决策阶段，客户的需求已经非常明确，供应商所提交的方案也证明了可以解决客户的问题，这也意味着其实客户完全可以下单了，那么客户担心的不外乎就是如下几点：

（1）下单之后，会不会发现其他供应商的方案更好、价格更低？

（2）下单之后，会不会发现供应商其实不可靠，承诺的东西不兑现？

（3）下单之后，会不会发现纸面方案其实没办法解决客户的实际问题？

总而言之就是两个字：风险。

既然如此，那为什么我们就非得抱着价格不放，而不去跟客户谈谈他此时最在意的风险问题呢？譬如我就遇到过类似的情况，客户有300万美元的订单，也是到了最后的阶段，本来他准备只下给一个供应商的，谁的价格更低就下给谁。我的价格实在没办法再降了，而且我预感到竞争对手有可能会降价，我丢单的可能性会很大，于是我就问客户下面几个问题。

"假如我没记错的话，去年你应该遭遇了严重的货期拖延问题。"客户说是。

"假如我没记错的话，去年你应该还遇到了下单之后涨价问题。"客户说是。

"既然这样，假如你今年还是只下单给一个供应商的话，不担心再次遇到类似问题，瞬间陷入被动吗？"

从风险角度切入，来回了几天之后，客户把订单分成了两份，一份55%，一份45%。

综合如上内容，我想说明的是，谈判其实并不一定非得针锋相对，也并不一定是你进我退、我进你退的"零和游戏"，更不一定你的幸福就要建立在我的痛苦之上，大家就非得咬死某一个问题不放。

2. 解决问题的场景

举个例子，由于供应商推迟货期导致错过了销售季节，客户形成了大量的库存积压，因此与供应商沟通希望在原本 OA 90 天的条款下推迟 60 天支付货款。

然而，供应商对此死活不答应，说财务现在对于超期货款管控非常严格，客户必须如期支付货款。

此时客户生气了，明明就是供应商的责任，他不索赔就不错了，这点请求都不答应？

大家觉得，在这个案例里面，最大的矛盾点在什么地方？

我个人认为，最大的矛盾点在于，客户认为推迟付款是由于供应商推迟货期造成的，供应商认为，他是推迟了货期，但是这跟推迟付款没关系，客户必须如期支付货款。而客户又觉得，他没钱。

在实际谈判的时候，双方之所以会陷入僵局，往往就是因为一些都没办法让步的矛盾点。站在供应商角度，财务是绝对不能让步的，货款到期客户就必须给钱，否则供应商就要报损中信保；站在客户角度，他就算是想让步也让不了，因为货没卖出去根本就没钱。所以假如我们一味地只在这个点上纠缠，那永远都不会有结果出来。

因此，当我们陷入僵局的时候，最应该做的其实就是绕开矛盾点，先谈其他的问题。这个过程中我们往往可以发现，在解决其他问题的时候，这个矛盾点渐渐地不再是一个问题。

还是以这个案例为例，站在客户的角度，既然延迟付款的问题供应商没法谈，但是供应商又承认推迟货期是他的责任，那好，我们就来谈谈延迟交货的赔偿问题。之后，我再将这笔赔偿款用作跟银行贷款的利息，贷到现金之后付款给你，问题不就全部都解决了吗？

3. 投诉场景

没有一家公司是100%没有问题的，也没有一个产品是100%没有质量情况的，因此客户投诉实在是再正常不过的。假如问题确实来自我方，那没什么话好说，该维修就维修，该赔偿就赔偿。但万一问题并不在于我方,甚至问题来自客户,我们该怎么办?据理力争,毫不妥协吗?

我想提醒大家的是,谈判不是辩论赛,我们没有必要赢了言语,但输了利益。

举个我实际遇到过的案例。

客户给供应商发邮件,说收到货物之后发现有质量问题,要跟供应商索赔。供应商通过对现有证据的分析,初步判断产品在出厂的时候并没有问题,问题应该出在客户的安装程序上。然而在将分析报告发给客户之后,客户并不承认,还是坚持认为问题出在产品本身。此时供应商业务员生气了,拍案而起发了一封义愤填膺的邮件,认为客户是在蓄意欺诈。客户也生气了,觉得供应商想推卸责任,不诚信,于是说好的订单也不下了。

这个时候假如你是供应商业务员,请问你准备怎么做?

根据行为心理学"自利性偏差"原理,在问题发生的时候,人们往往会认为问题的根源在别人的身上,而不在自己的身上。同时,根据"消极偏好"原理,人们的情绪对于负面的信息往往更加敏感,不好的信息往往比好的信息更加容易调动情绪,进而再将不好的信息放大。举个简单的例子,当你跟别人借钱不还的时候,多数会认为自己确实有困难,别人应该体谅自己;但是当别人跟你借了钱不还的时候,你大多数情况下不会去考虑别人的难处,而会去想"这个人一定人品有问题"。

回到案例,其实客户和供应商都已经陷入了"自利性偏差"和"消极偏好",相互之间都产生了对立情绪,假如按照这种状况走下去,问题根本就得不到解决。因此,势必就得有人先退一步,关键是谁先来退这一步？以及到底要退多少？

理论上来说，当然是谁能够从重归于好中获利更大谁就应该先退这一步。但实际上，我个人认为最好还是供应商先退这一步，因为客户未必是专业的采购，但供应商必须是专业的销售，对吗？比如在一条单行道上，一辆出租车跟一辆私家车堵上了，谁也不让谁，结果把整条路都给堵死。最终有个路人想出了一个办法，他跟出租车司机说："您是专业的司机，但对方并不是，要不就您先退一下？"司机一想，没必要和不专业的人过不去，最终他就先给退了。

那么，案例中供应商到底应该怎么退呢？我们在上一个场景已经说了，要绕开矛盾点，先谈其他的问题。好，首先我们先对自己的情绪道歉（请注意了，不是对产品质量道歉），然后说："我们先不要谈论这到底是谁的责任了，先来研究一下问题的成因，以及到底要如何来解决这个问题。"

在投诉场景里面，问题能不能解决是能力问题，但要不要解决是态度问题。在许多谈判过程中，矛盾之所以会突然激化完全就是因为情绪和态度作怪，让双方产生了对抗情绪，这个时候无论某一方说什么，另外一方都完全听不进去，谈判自然就失去了意义。那么这个时候最关键的，就是要让双方都冷静下来，让谈判重回正轨。最有效的办法自然就是我在门徒俱乐部基础课重点讲到的PAC理论，当别人是非常强势的P时，我们用示弱的C；当别人是犹豫的C时，我们用控制性的P，最终目的就是让双方回归到代表理性的A。

回到案例。最后的结局就是当供应商退了一步，和客户一起寻求产品质量问题的解决方案时，客户终于意识到原来真的是由于自己公司人员在安装上的不专业导致了问题的出现，当然供应商也没说破，

给客户留足了面子。后来索赔问题客户也不谈了,不了了之,但新订单还是下给了这个供应商。

听完了这三个谈判的场景,我们可以来总结一下里面的一些规律性的,几乎可以应用在每一场谈判中的要素。

1. 你真正的底线到底在哪里

所谓底线,意思就是绝对不能突破的,否则我宁可不达成这笔交易。在实际的谈判过程中它是什么样的情形呢?

在我打工的时候,我不知道自己的底线在哪里,因为在公司的价格体系内,每一张订单都是亏损的,每一张订单要成交的话,都必须得老板决定,因此在谈判的时候,我就会非常被动,因为我根本就判断不了,到底哪张订单可以接,哪张订单我绝对不能接。

而且我相信大家对于如下这个场景一定非常熟悉。

譬如你是业务员,客户咬死了一个目标价格不放,你明知道这个价格是亏损的,但你又非常想要这张订单,于是你就想着去和老板汇报一下,说不定老板有其他的考虑,说不定他会同意接单,说不定老板保留了一些东西,这个价格其实不亏损。

譬如你是老板,业务员向你汇报客户非得某个价格才能下单,你核算了一下,这个价格只能赚很少的利润,但订单数量真的很可观,你纠结了很久,决定接单。可就在答应客户这个目标价的时候,客户突然反口不认,说价格还得再降1%,你又纠结了老半天,然后想算了,都谈到这一步了,不接受的话之前的工作就浪费了,大不了就当白干活,至少还能够让工人动起来。

从上方的描述我们可以发现,许多人其实真的没有给自己设定绝对不能够突破的底线,可能只是有一个模模糊糊的概念,大概知道自己什么事情不能做。但恰好就是因为模糊，才没能够给自己画下一条清晰的红线，往往就会在不知不觉当中，被对方突破。

2. 你真正的目的到底是什么

我们在做任何一项工作的时候，都会有一个目的，假如这项工作比较复杂，我们会采取一些迂回的手段，可是就在迂回的过程中，我们往往会忘记一开始做这项工作的目的是什么。

在国际贸易的场景中，大多数订单谈判的目的，就是拿下订单，对吗？

其实并不对，准确来说"拿下订单"仅仅是我们的手段，拿下订单之后要做什么，才是我们真正需要明确的目的，譬如：到底是要追今年的销售任务？还是要追今年的利润任务？还是产能不满再没有订单工人就要放假了？还是需要扩大采购额来增加对供应链的把控能力？

目的不一样，目标自然也就不一样。假如我的目的是追销售任务，那我跟客户的谈判目标就应该设定为某个销售额；假如我的目的是追利润任务，那我跟客户的谈判目标就应该设定为某个利润额。同时，目标的不同自然也会导致操作手法不同。举个简单的例子，原本客户在跟我们谈300万美元的订单，但是由于价格一直谈不下来，客户最终要把订单减到200万美元。此时，我们应该怎么办？

假如这个时候我的目标是利润率，那没办法，客户要减少订单数量我也就只能接受了，反正价格维持不变，我的利润率目标可以完成。

但假如我的目标是销售额，那这个时候我就得考虑降价，让客户维持订单数量，使我能够完成销售额目标。

因此，假如我们在谈判之前没有设定明确的目的和目标，我们就很有可能被客户带乱了节奏，表面上好像拿了一些甜头，但实际上却

丢了全局。譬如你最需要的是利润，但就在客户说"我给你增加点数量，你把价格给我降一降"的时候却糊里糊涂地答应了，全然忘记了你真正要的根本就不是数量而是利润。

3. 谈判实际上就是一种交换

目标和底线的本质区别在于底线是绝对不允许突破的，但目标却是允许有差异的。举个例子，你的目标是找个身高180厘米的男朋友，难道对方179厘米你就不要了吗？不现实，关键在于对方身上是否有其他的优点来弥补这缺失的1厘米身高，对吧？

回到谈判上其实是同样的道理。许多人由于目标的可变性，原本是定在100美元成交的，结果客户一压，觉得99美元也没区别，降价了；客户继续不同意，你觉得98美元和99美元也只差1美元，继续降，最终的结局就是距离初始的目标越来越远。但实际上有一个很关键的问题是：我们的让步，到底有没有换来什么东西？

假如没有，那这就是一场零和游戏而已，实际上也不叫谈判，叫割地赔款。

那么，我们到底可以交换什么东西呢？

很多。除了大家非常熟悉的价格换数量，换付款方式，换交货期，换质量水平等之外，其实还有一个大家之前或许没有考虑过的，那就是交换信息。举个简单的例子：你想让我降价，那能不能这样，你把我竞争对手的原始报价单发给我，这样我才能够去跟财务申请；或者，你想让我降价，那能不能把中国到目的国的中间费用列一下，我们来计算一下降价是否有必要性，这样我才能够跟领导申请。

而且实际上，假如你在付出什么东西的时候并没有要求对方付出什么，那会显得你的付出太容易了，在客户的眼中，这是不是意味着距离你的底线还有一段距离呢?

4. 情绪只是达到目的的手段

有时我们和客户谈判的过程中,客户觉得不满意,现场发怒了,但是事实上,这个客户真的发怒了吗?我觉得不尽然,因为站在采购的角度,由于我知道供应商们普遍没有处理情绪的经验,因此情绪是一种我们很经常使用的手段。例如:发火拍桌子,吹胡子瞪眼,给供应商施加压力;或者装可怜扮沮丧演伤心,博取对方的同情。

但是同学们请注意了,在绝大多数情况下,作为一个成熟的生意人,要么这种情绪仅仅只是达到目的的手段,要么这种情绪完全是可以被利益所掩盖的,因此即使你收到客户加大、加粗、加红搞得像高利贷催债一样的邮件,或者见面的时候客户当场发火,你也完全可以不用被吓到,你完全可以说:"You seems not to be so calm, maybe we can talk 10 minutes later(你看上去不太冷静,也许我们可以 10 分钟之后再谈)"。假如对方真的有情绪,10 分钟时间我想也足够他冷静下来了;而假如对方并不是真的有情绪,冷却的这 10 分钟也足够让对方没有发挥的借口。

所以,遇到情绪问题,大家千万不要怕。

5. 共赢才是我们的终极目标

一说到谈判,大家脑海中浮现出来的画面往往是各种唇枪舌剑,你来我往,但其实并不是这样。真正的谈判,寻求的是解决双方共同的问题,以及实现你我的联合利益最大化,因此你赚 1 美元我就得亏 1 美元的谈判其实是非常初级的。在创值销售的体系下,我现在一直在追求的,并不是通过我的让步来让客户省钱。而是要通过我的工作来

让客户赚钱,举个简单的例子,假如我能够帮你赚 10 美元,那分给我 3 美元不过分吧?又或者至少,我帮你省了 10 美元,你分给我 3 美元也很正常是吧?

因此,假如有跟我一块见过客户,或者参加过我咨询项目的同学可能知道,那就是我从来不会因为你说我贵就降价,我更多是在通过一个个的问题,去让对方明白我的产品、方案和工作对他的价值到底有多少,让对方明白虽然我贵,但是我值,因为我能够给他带来利益,能够帮他解决问题,这个才是所谓的综合利益最大化。

所以同学们,零和游戏不可取,在我们每次跟客户谈判的时候,一定要牢牢记住:我是来帮他解决问题的,并且在解决他问题的过程中我的问题也被解决了,这个才是核心。

第二节 学会谈判,买菜都能比别人多便宜两毛

当一个你认为绝对会下单的客户,突然之间说要把订单下给别人的时候,你的心情是怎么样的?

我就遇到过类似的情况。

许多年前,一个手握 2 500 万元订单的大客户对我公司表现出强烈的购买意向,当时可把我高兴坏了,还没下单就整天拿着计算器"嘀嘀嘀"地算我能够拿到多少提成。

可是,就在我连房子买在哪儿都计划好的时候,客户突然之间变了脸,说:"Daniel,不好意思,我要下单给别人了。"

这一句话把我打进了十八层地狱。可是就在几天之后,在我还在地狱里面爬行的时候,客户突然之间回来了,让我报一个全新的型号,

顺便更新一下之前型号的价格。

这个时候我就疯了，为了不再次丢失客户，除了新型号杀出一个超低的价格之外，旧型号的价格我也通通降了一个遍。

最终客户下单了。

一开始我以为客户之所以下单，是因为竞争对手没有新型号的产品，可是渐渐地我发现，客户其实应用了一个谈判的套路，那就是利用人性中的"损失规避"。

什么是损失规避呢？意思就是说，大多数人对损失和获得的敏感程度并不对称，损失带来的痛苦感要大大超过获得带来的快乐感。咱们来举几个简单的例子，就如同你衣柜里面的衣服一样，即使很多你已经不穿或者已经穿不下了，你也总是舍不得扔掉它们。又例如你有一个员工明明就是不称职的，你也总是狠不下心去开除对方，因为你总会不由自主地想起曾经和对方一起笑一起哭的日子，对于即将失去一个好伙伴感到忧伤，而下意识地忽略开除对方之后可能给企业带来的收益。又或者你明明知道应该果断地舍弃一个不能给你带来许多利润，反而要耗去你大量时间的老客户，转而去开发性价比更高的新客户，但内心就是舍不得放弃，甚至为了所谓的友谊去盲目支持一个不可能做大的客户。

所有的这些，都是损失规避心理在起作用，关键就在于一个词——"拥有感"。这份拥有感会让你感觉舍弃是一件非常痛苦的事情。所以在日常生活中，就有商家针对这一点来开展工作。例如：

7天无理由退货，但事实上当你开始拥有某一样商品时，退货对于你来说就成为一个艰难的决定；

免费试用，关键并不在于让你测试产品的质量和体验，而在于给你营造拥有感，之后你就会因为不想失去这种拥有，转而付费；

限时特价，例如今天售价1 000元，明天改为2 000元，你可能就会为了不损失这个优惠，而冲动地去购买一个你可能不需要的商品。

这些手段其实都是在给我们营造一种"虚拟所有权"，让我们在实际拥有之前就形成了已经拥有的错觉，从而诱发人性中的不理性。

就如同文章最一开始的案例，假如我们认为某个客户是肯定跑不掉的，甚至都已经开始计算这笔订单的利润和提成了，结果突然之间客户说情况发生了变化，其他供应商的价格更低，他不能够把订单下给我们了。由于这个时候我们已经对这张订单形成了"虚拟所有权"，即将失去的感觉让我们痛苦万分，我们就很有可能非理性地开出了更低的价格给客户，而全然没有考虑到客户所说的到底是真的，还是仅仅是套路。

又假如，客户告诉我们，我们已经完全失去这张订单了，我们会因为努力了那么久还是没有一个很好的结果感到很沮丧。结果两天之后，客户突然之间告诉我们，事情发生了转机，他们要新增几个其他型号的产品，让我们把所有型号的产品价格再做更新，这个时候我们就会为了避免之前体验过的痛苦，而非理性地给出客户一个很低的价格。

综合如上内容，"让你觉得他要买"＋"转身离开"，就成了采购最常用甚至最有效的压价手段之一，不信，你明天找个菜市场试试。

那么，对于供应商来说要如何应对这种谈判套路呢？简单来说有三点。

首先，我们一定要清晰地认知到，过往我们对客户的所有想象，只是一种"虚拟所有权"。我们对客户的所有投入，也已经变成了"沉没成本"，不能够对接下来的决策造成影响。

其次，明确并坚守自己的底线，知道自己最在意的到底是什么。与此同时，探索与识别客户的底线，明确对方最在意的到底是什么。对于我们来说"损失规避"固然存在，可是对于客户来说，他也一样会受到这种心理因素的影响，毕竟他花费了那么多时间和精力去与一家供应商磨合，不是说放弃就真的可以放弃的。只要对方能够满足他最主要的需求，客户有时候也会不自觉地做让步。

最后，寻求双方的利益平衡点，将自己不在意的东西让步出去，换取那些客户不在意，但对自己却很重要的东西。

客户到底不在意什么，又或者说客户到底在意什么呢？

好的价格、好的质量、好的服务、好的物流，等等，听上去似乎没有什么客户不在意。

不过，能够满足客户所有诉求的公司，在这个世界上是不存在的，因此在客户的所有诉求当中，自然也可以分解成为：关键诉求、主要诉求、次要诉求、可有可无诉求。

理论上来说，只要我们抓住了客户的关键诉求，又或者说即使我和竞争对手都能够满足客户的关键诉求，但我的方案更加有效或更加低成本时，客户的其他诉求都是可以让步的，至于让步的幅度则取决于诉求的种类。举个简单的例子，销售季节快要到时，货期会成为客户的关键诉求。此时他对于价格的诉求就会变得没那么强烈，那么这不就正好是我们拿货期来交换利润的时候吗？

第三节　给客户涨价时候,到底是捅一大刀,还是慢慢割肉

上一节讲述的大多数谈判场景，都是客户先跟我们提要求。但假如我们需要主动跟客户提要求，例如提"涨价"的时候，应该怎么办？

大家可能经历过类似的情况。报价后客户接受下单了，然后我们今天告诉客户"你的纸箱设计太复杂，我要加××美元"，明天告诉客户"说明书你要双语，要加××美元"，后天又告诉客户"我们收款不承担手续费，你要加××美元"等，站在工厂的角度，可能会觉得这种做法实在是太正常了，一分钱一分货，你要更多的东西，当然需要付更多的钱。可是如果我们知道"前景理论"的话，我们就会发现，这样的做法是很不科学的。

前景理论，是把丹尼尔·卡尼曼推上诺贝尔经济学奖的一个心理学和行为学理论，它主要包含了如下几个方面的内容。

(1) 大多数人在面临收获的时候，是规避风险的。例如给你两个选择，一个是确定能拿1万元，一个是80%概率可得1.5万元，20%概率什么都没有，人们会倾向于拿1万元。

(2) 大多数人在面临损失的时候，是偏好风险的。例如给你两个选择，一个是确定会亏1万元，一个是80%概率要亏1.5万元，20%概率什么也不亏，人们会倾向于赌一把。

(3) 相比"获得"，人们对"损失"更加敏感。例如某天你在路上闲逛突然捡到了100元，之后你再不小心丢了100元，尽管相比一开始没有任何的变化，但此时你的心情一定不好。

这个理论的核心其实就是一句话：对于损失，人类是非常厌恶的。就例如你今天给女朋友送了一个包,明天说"我还是先把这个包给我妹吧,她正闹着呢",你女朋友可能会出离愤怒,尽管这个结局跟昨天的状态是一样的,但你的女朋友就是会认为她损失了一个包。

所以,假设产品本身的价格是 70 元,彩箱加 10 元,双语说明书加 10 元,银行手续费加 10 元,你给 A 客户的初始报价是 100 元,下单之后你告诉他彩箱免费,双语说明书免费,银行手续费免费。同时,你给 B 客户的报价是 70 元,下单之后每隔一天告诉他一次,他要求的东西得加钱,此时最终的结果就是:两个客户付了同样的 100 元钱得到同样的产品,可他们的感受是完全不一样的。

根据前景理论,对于 B 客户来说你的每一次加钱,都在给他带来"损失",而这种损失会造成非常大的心理痛苦。

这个时候你可能就有两个问题:

(1) 我要是直接报价 100 元,客户会不会嫌贵不下单了?

(2) 假如真的非得使用后期加价的方式,我到底应该怎么做?

关于第一个问题,我们可以做这样的一个假设。

马路两边的酒店,A 酒店的定价是 1 000 元/晚,里面的 Wi-Fi、饮食、娱乐、健身、商务等设施全部都免费,而 B 酒店的定价是 300 元/晚,然而你要上个网都得额外掏钱。这两家酒店不管是规模、装修、设施和服务都差不多,假如我们住 B 酒店把所有额外费用都算上也是 1 000 元/晚,但是我们能说,这是两家差不多的酒店吗?而且,这两家酒店的目标客户群体会是同一群人吗?

很明显不是。所以当我们选择以 70 元报价还是以 100 元报价的时候,恰好就证明了我们此时的思维到底是"成本导向"还是"价值导向"。

就如同"消费者剩余"这个概念一样,我们要创造客户价值,提升客户体验有两种做法:

(1)提高客户愿意支付的最高价格——价值导向;

(2)降低客户实际支付的市场价格——成本导向。

然而,成本导向的做法已经完全陷入了白热化的竞争,此时假如我们的定价还是走材料成本+人力成本+管理费用的老路的话,这意味着我们的定位以及吸引的客户群体,只能是那些为了1分钱差价就毅然更换供应商的客户。今天他会因为你的低价选择你,明天他会因为别人的低价离开你,所以关键还是在于我们想要抓住哪部分目标客户,到底是那些搭乘廉价航空但喝瓶水都要掏钱的客户呢,还是那些乘坐商务舱可乐可以随便喝的客户?

至于第二个问题,我们还是回到前景理论,它有一个很有意思的应用。

(1)当我们有好消息要宣布时,最好是分开宣布,此时的加总效应会比一次把所有好消息都宣布出去要大。

(2)当我们有坏消息要宣布时,最好是合并宣布,此时的加总伤害会比逐次把每个坏消息都单独宣布要小。

(3)假如是一个大的好消息和一个小的坏消息,最好是合并宣布,可以让好消息尽可能覆盖坏消息。

(4)假如是一个小的好消息和一个大的坏消息,最好是分开宣布,否则好消息会被坏消息完全抵消。

所以,我们在给客户降价时,最好是一步一步地降,一点一点地给,其效应会比一次性降到位要高。当我们需要给客户涨价时,则最好是一步到位,不要今天割一刀,明天割一刀,这样谁都受不了。

最后，经过了这么多章节关于"谈判"的学习，大家应该已经开始意识到，谈判其实就是一场心理层面的博弈。不管客户再怎么专业，再怎么理性，他也始终会受到感性的影响，同样的一句话在不同的时间、不同的场景、不同的环境下说出口，可能导致的结果是截然不同的。因此，学会对供应端上游的信息进行一定程度的处理再传输给下游的客户，是一名优秀销售人员必备的能力。

第九章　跟进客户的基本原则

第一节　报完价客户就跑，真不是因为我们的价格高

客户为什么一张嘴就要我们报价？

客户为什么要了价格之后就消失？

面对这种情况，我们应该怎么办？

之前我们提到了无论在哪个采购阶段，价格都并不是客户最关心的东西。举个简单的例子，在买房买车的时候，有多少人会真的做到死守住自己的预算线，一分钱都不超出呢？很难。

你可能原本只想买辆大众，后来想想再加几万元就能开奥迪了，更有面子更帅气，咬咬牙就买了奥迪。

你可能原本只想买个低配版，后来想想你的梦想是自驾去趟西藏，咬咬牙又多掏了几万元买了四驱版（尽管距离你真的自驾去西藏还有

N 年，$N > 10$）。

就在你媳妇一边说"你疯了"一边揪着你耳朵往外拉的时候，老丈人冒出来说"没事买吧，明年要是不够钱买房我再来帮忙"，于是你兴高采烈地跑回 4S 店开始压价格。

看到了吗？在这一整个采购流程里，你最关注的点根本就不是价格。

既然如此，那为什么客户跟我们接触的时候，一张嘴就是要价格呢？原因很简单。

客户为什么总是先问价格

1. 不是所有牛奶都叫特仑苏，也不是所有客户都专业

事实上，大多数客户都不是采购专业的，就如同你干了这么多年国际贸易，你敢说你在销售领域很专业？

专业的采购员都知道，供应商对自己的情况越了解，报价就会越精准，可能拿到的支持就越多，举个简单的例子：

"give me the best price（给我最好的价格）"跟"give me the best price, I bought 1 million USD from ××× last year（给我最好的价格，我去年从×××采购了一百万美元）"，哪个询盘你会更加关注，甚至报更低的价格？

所以对于专业的采购员来说，在需求形成阶段，他更多要做的是信息的收集，而不只是价格的收集，只有价格并没有办法帮他明确自己的需求。

在方案评估阶段和采购决策阶段，他也会选择把即将或已经成型

的方案发给供应商,先看看对方能不能做或者是否有更好的方案。

然而,多年形成的买方市场,激烈竞争带来的同质化,一来让买家随便发一个 RFQ(Request for Quotation,询盘)都能收获一堆报价,二来也让买家陷入一种思维定式,觉得中国的产品没有什么本质区别,那么要价格就成了最简单最不费事的一件事情。

2. 你没能让客户看到深入沟通的价值

积极性=期望×价值,在客户刚刚跟我们接触,且对我们一无所知的情况下,客户是没有什么预期价值的,这个时候他唯一能看的就只有价格。但是假如客户在跟我们接触之前,就已经通过官方网站、B2B 平台、市场口碑或者行业声誉知道了我们在行业的领先地位、严谨的质量控制体系或者客户的高度评价等,他还会随随便便发个询盘要报价吗?他也会担心供应商判断他为垃圾询盘客户,从而采取冷处理。

所以,在谈价格之前,我们一定要先谈价值,先谈我们可以如何帮助对方解决问题跟实现目标,这样无形中我们也会在客户的脑海里植入一个较高的锚点。等到我们的价格报出去之后,客户就不会仅仅只是拿去跟我们的同行做价格比较,而是会跟他脑海中的价值锚点做比较,这样自然不会随随便便就发生报价之后客户突然消失的情况了。

那么,为什么在许多情况之下,我们报完了价客户就消失,就沉默了呢?

雷鸣 Alex 在门徒俱乐部的基础课上,曾经留了一道这样的思考题,说:"假如客户一开始就让你报价,你报价之后客户消失了,请问这个时候客户可能处于哪个采购阶段?我们接下来又该怎么办?"

沉默其实是客户对待供应商的最有力武器之一。许多时候,在销售员讲完话之后，客户沉默，销售员很有可能就会开始心慌，怀疑自己刚刚是不是说错了什么；又或者，在销售员报完价之后，客户沉默，销售员也会瞬间怀疑自己的价格是不是太高了，竞争力是不是太弱了。

但事实上，客户的沉默、不回邮件到底是因为什么？

有些时候，可能是因为客户没收到你的邮件；

有些时候，可能是因为客户太忙了还没时间处理；

有些时候，可能是因为客户自身的需求无法形成；

有些时候，可能是因为客户的方案没有办法得到下线客户的认可；

有些时候，可能是因为客户出车祸进医院了（我实际遭遇过）；

有些时候，可能是因为客户想给销售员施加压力，就等着你上门主动降价；

有些时候，可能是因为客户只是在拿你作为方案评估的备胎，风险评估的陪跑；

……

太多可能性了，具体到每个客户每种情况都不一样，所以我不懂为什么会有那么多人在遇到客户不回复的时候不去直接问客户而去问"大神"，除非"大神"把这个当成咨询案例来处理，否则能回答得上来就奇怪了。

所以，相比一开始就报价，我们对客户的情况越了解，对客户的需求越清晰，报价越迟（因为精准而带来的相对迟，而不是说可以拖拉）就越能降低客户不回复的概率，或者说能够将大多数不回复的原因排除在外。

有一些所谓的"大神"会告诉你，"报价的数量决定了成交订单的数量"，又或者说"问那么多干吗，只会把客户烦死，不先报个价客户怎么知道你的价格范围在哪里"等,这个观点其实是很初级的。

假如你是刚刚进入外贸领域的菜鸟,不懂得分析与定位客户,不懂得如何去剖析客户的真实需求,那么你就只能靠勤奋和数量取胜,这个无话可说。可是假如你已经在外贸销售领域工作了多年,你应该明白,价格是没有办法脱离价值存在的。就如同我在前面文章中举过的例子一样:100元的商品,相比80元那肯定是贵,但假如100元的商品客户可以卖150元,而80元的商品客户却只能够卖110元,一个利润是50元,一个利润是30元,这个时候到底哪个商品才是真正的贵?

对于客户来说,他首先在意的是我们是否能够解决他的问题,帮助他实现目标,或者满足他的需求,其次才轮到如何更好更低成本地满足需求。如果你学不会这一点而纯粹只是在报价的话,那"报价死"对于你来说,就绝对会是一个常态。

客户问完价格就沉默怎么办

1. 切忌胡思乱想

前面讲了人类有一个通病叫作"消极偏好",说的是假设你在某一天同时收到两个客户的邮件,一封是要下单,另外一封是要投诉,即使这两件事情的分量是相同的,你的心情可能还是会更加偏向于糟糕的那一面。同样道理,在遭遇客户沉默的时候,人们总是偏向于把事情朝着不好的方向联想,例如"价格贵""产品不好""客户不满意""我出错了",诸如此类。

大家一定要强行制止自己的胡思乱想，把思维拉回理性的层面，先认真剖析一下客户当前所处的采购阶段，对方的需求我们是否清晰，对方的问题在我们的方案中是否已经明确可以解决。

2. 能会面尽量不打电话，能打电话尽量不发邮件

假如客户已经开始不回复你了，这个时候无论你再怎么发"有没有收到我邮件啊""你的看法如何啊"，都已经失去意义了，这个时候打电话甚至直接找上门去才是最好的选择，因为这样做可以逼迫客户正面对你进行回应。

3. 该放弃的时候，就应该毅然选择放弃

网络时代，一个询盘可以找到的供应商数量是非常庞大的，但是最终也只有寥寥几家公司能够进入潜在供应商列表，假如你经常性地遇到某个客户的沉默，那么此时你不在对方潜在供应商列表的概率是比较高的，这个时候我们最好是做一次复盘：

（1）对方到底是不是我的目标客户？定位是否匹配？

（2）继续跟进下去的价值到底有多大？我是不是在增加我的沉没成本？

（3）假如我把时间和精力用在开发其他客户上，结果又会怎样？

毕竟每人每天只有 24 小时，我们只能够把时间和精力花费在对自己价值最大的客户身上，而不能盲目地去和所有的客户打持久战，该跑的时候，我们自己也得跑。

第二节　电话都不会打，做什么外贸

十几年前，我所在公司开发客户的方式纯粹就是做体力活，没有

B2B 平台，也没有多少展会客户，每天的工作就是通过 google 关键词搜寻客户网站，然后发开发信。在没有收到客户回复的时候（没有回复的至少有 99% 以上），再选择夜深人静的凌晨或者太阳刚刚升起的清晨，给客户打电话，以行业 TOP10 的姿态苦求客户给我们一个发报价单的机会（当然，行业内说得上名字的公司差不多也只有 10 家左右）。

十几年后的今天，貌似大家开发客户的方式依然没有本质上的改变，更甚者，许多公司开发客户的方式居然只有邮件，连电话都不打，每天满怀希望地发几百封开发信出去，第二天看着空空如也的收件箱（也不一定空空如也，毕竟还有许多退信）愁眉苦脸，然后又发几百封开发信出去，然后继续愁眉苦脸，如此循环。

假如说过往由于通信费用高昂，许多公司出不起这笔钱（当年我们每个业务员的通信费是 1 000 ~2 000 元/月），但现在随着网络电话的普及，即时通信工具里视频、音频通话的兴起，通信成本极速下降，假如现在你开发客户和沟通订单依然还是只通过邮件的话，我只想问一个问题："你真的就那么害怕与人直接沟通吗？"

好了，先不用急着争辩，说"我不是害怕，就是口语不好"云云，事实上在精准表述的层面，邮件有着电话难以企及的作用，但邮件相比电话有两个非常致命的缺陷，那就是：

（1）写邮件，相比说话要花费更多的时间；

（2）邮件是单向的沟通，缺乏即时的反馈。

这意味着，作为客户他在工作很忙的时候，你想让他在 5 分钟说明白一件事情跟半小时写一封邮件之间做选择，他肯定选择前者。此外，在收到你邮件的时候，假如他选择了不回复，你一点办法都没有。

举个简单的例子，当客户发了询盘之后，你洋洋洒洒问了十几个问题，包括客户公司的规模历史、销售渠道、过往成绩、采购现状等，貌似非常专业，但有没有想过客户在收到你邮件之后的反应？

客户心里会想："假如要一一回复的话，可能半天时间就没有了，这个供应商看上去也没那么重要，那么我就等有空的时候再回复吧。"

至于所谓"有空的时候"，广东的同学可能知道，这个就跟"得闲饮茶"是同样的一个道理。

于是，你满心幽怨地望着空空如也的收件箱，拍着桌子说："这是哪个大神教的报价之前要问问题，要学会探寻客户需求的？"

我们之前说过积极性＝期望×价值，在客户看到你的价值之前，指望对方为你付出太多时间显然是一件不现实的事情，因此这个时候电话的作用就非常明显了，它能够成为邮件沟通之间的连接点，能够"逼"对方回答一些通过邮件几乎没有办法回答的问题。

因此，关键点根本就不在于你的口语好不好，而是在于沟通细节尤其是预设问题的设计。

打电话前的准备事项

在开始打电话之前，我们有三件事情一定要明确。

1. 本轮电话的目的是什么

我们切忌给电话赋予太多的职能，如同刚才所说，在国际贸易的场景下，电话主要是起到"激活"的作用，让对方回答一些通过邮件我们获取不到答案，但是又必须获取答案的问题。

（1）决策人的邮件、即时通信联系方式（通过网络实在没有办法确认采购决策人的时候）。

（2）客户提出这个产品期望（要求），到底是要解决什么问题？或者达成什么目标？举几个简单的例子，"你为什么考虑更换供应商？是市场发生变化还是供应链出现问题？""在本次的采购中你主要的关注点在哪里？为什么？""除了我们之外，还有哪些供应商在商谈阶段呢？"等。我们不能傻乎乎地只懂得问"你对我的报价怎么看"诸如此类没有营养的问题，对于这样的问题客户除了回答我们太贵之外，我们还能指望他说什么呢？

2. 如何为下次接触埋伏笔

B2B销售有一个明显的特征，那就是任何一笔订单都不是一蹴而就的，它需要经过一系列的过程，所以我们对客户的每一次拜访（电话、邮件、会面其实都是拜访），都一定要争取拉着客户跟我们一起跑向下一个阶段。

举个简单的例子，你在邮件报完价之后，会不会顺手写上一句"两天后我将致电，看看您是否对报价单有任何问题，可否？"这其实就是一个简单的伏笔，尽管不完整，但至少为下一次拜访留下了契机。

一个完整的伏笔必须包含"时间、地点、人物、事件、结果"等5个要素，除了担任沟通节点之外，伏笔的存在还能够帮助我们验证客户当前所处的阶段以及对方的配合程度，譬如在跟客户谈完电话之后，我们说"是否可以约上贵司的工程师，在下周一开个电话会议，深入探讨一下贵司的技术要求"时，客户无论如何也不答应的话，我们就知道可能哪里出现问题了，要么是我们不对，没取得客户认可，要么是时机不对，采购阶段没到，要么是客户不对，对方根本没工程师，接下来就能有针对性地去解决问题。

3. 我需要设计好哪些主题

在我当销售员那会儿,每次给客户打电话之前我都会把所有要问的问题、要谈的事情在纸上写一遍,否则一个不小心就会被客户把话题带到他新买的跑车上,挂了电话之后才发现该说的正经事还一件都没问,只能苦着脸再打一次电话。

但是,什么样的问题才是好问题呢?

答案就是:客户关心的问题。

雷鸣 Alex 在"以客户为中心的顾问式销售课"上讲过一个故事,大意就是许多销售人员在拜访客户的时候,总喜欢滔滔不绝地介绍自己的公司、产品与服务,而不去想自己所说的这些客户到底关不关心。因此,他提出了"杜斌清单"这个概念,就是我们在拜访客户之前,代入客户角色之后拟出来的客户最有可能询问的问题,其关键就是换位思考。

那么,到底什么是客户关心的问题呢?

价格、货期、性能、条款、质量……你可能会列举这些,认为这些东西客户很关心,然而事实上并非如此,客户更加关心的是这些东西到底可以怎样解决他的问题,达成他的目标。举个简单的例子,客户告诉你他的目标价格是 100 美元,普通业务员的做法绝对只会在这 100 美元上纠缠,要么列出 N 种理由跟客户说我们做不到,要么去跟老板磨价格要支持。高级业务员的做法则是会跳出这 100 美元的束缚,去探寻客户提出这个目标价背后所代表的含义,譬如客户到底是非这个价格不能下单,还是仅仅只是在谋求更大的利润?之所以非这个价格不能下单,到底是因为下线客户的承受能力不足,还是竞争对手过于凶猛?假如是因为竞争对手杀价太狠,那我们除了价格之外,还有其他的手段可以帮助客户赢得竞争吗？

当我们懂得这样去思考的时候，我们可能就会发现，客户其实聚焦的点在于打赢竞争对手，这个时候只要我们将沟通主题围绕着这个来设计，客户就会觉得我们说话能够"说到点子上"，并且懂得真正为他考虑。这样他自然会愿意花更多的时间和我们沟通，也更容易对我们产生信任。

所以，在我们打电话给客户之前，最好能够把相关的主题先设计好（我们要问什么、客户会答什么、客户会问什么、我们要答什么），假如有需要还可以背下来，这能够起到事半功倍的效果。

打电话的注意事项

当你终于鼓起勇气正式拿起电话的时候，又有哪些注意要点呢？

1. 自我介绍简单清晰

在我担任采购员的时候，大多数接到的电话是如下这样的。

（1）"喂，Daniel吗？我想问问那个单子进展怎么样了？"

不好意思，你是谁？什么产品？哪个单子？

（2）"你好，我是@#￥%&公司的@#￥，请找Daniel。"

这里的@#￥%&公司并不是我故意要打马赛克，而是我真的听不清，尤其是那些名字奇怪到没人听懂的。请注意，在国内，讲公司全称是一种尊重，例如"你好，我是×××，是广州××科技有限公司的销售经理"就会显得正式，但是在打电话给外国客户的时候，你讲公司全称绝对就是自找麻烦。

在打电话给国外客户做自我介绍的时候，最重要的是两点，关键词和记忆点。

所谓关键词，大家还记得我之前在"丹牛的每日一答"中说过的"吸引力法则"吗？当一个人怀孕的时候，她会发现满大街都是孕妇；当一个人想买车的时候，也会开始发现满大街都是同款型号的车，这些就是吸引力法则在起作用。我们要做的其实就是迎合客户可能存在的吸引力法则。譬如产品的名字、客户现有供应商的名字、客户竞争对手的名字。举个简单的例子：我是××公司（××是客户的供应商）的同行，这样瞬间就能够让客户将这通来电与大脑中的现有信息挂上钩。

所谓记忆点，一般应用在与曾经接触过的客户沟通上，意思是学会给自己贴标签。举一个简单的例子，"Daniel 你好，我是 Kevin，我们之前见过"，跟"Daniel 你好，我是 Kevin，我们之前在××展会见过，那个跟你合影过的 200 斤大胖子就是我"，这两句话会不会有截然不同的效果？

除此之外，我们还可以使用照片等可视化手段来勾起客户的记忆点甚至制造记忆点，譬如我就曾经收到一封来自供应商的邮件，说明事宜是××辞职了现在由她来接手，附件则是一张她和××的合影，还贴心地在照片上打了个箭头写上名字，于是我瞬间就记住了她。因为此时她在我的脑海中不再是一团模糊的黑影或由数字组成的 ID，而是有了一个活生生的形象。

2. "您现在方便说话吗？"

"Are you available to talk right now（您现在方便说话吗）？"这句话我几乎每轮电话必说，否则我无法知道电话打过去的时候，对方到底在做什么，方不方便通话。

假如客户时间方便,那我们再开始谈;假如客户时间不方便,那我们另外约个时间;假如客户不约时间,那我们基本可以放弃这个客户,毕竟我们的时间一定要放在最有可能成交的客户身上,销售也并不真的是从拒绝开始的。

3. 不要有事没事闲聊

有些国家的人喜欢在谈正事之前聊一些天气之类的废话,但有些国家的人则更加喜欢单刀直入,文化不同,社交风格不同,我们应该采取的方法自然也就不同。可是,在你对客户有足够的了解之前,在商务电话这个场景下,我建议还是单刀直入有事说事,千万不要闲聊。譬如我接到过一个供应商的电话,他莫名其妙地问了我一句"Daniel你吃了吗",我回答说"没有啊,你要请我吃饭吗",然后就听到对方在电话那头干笑。

请注意,在开场白这里,建议使用雷鸣 Alex 在销售课上讲到的 PPP。Purpose(目的)、Process(过程)、Payoff(收益)。意思就是说,我打这通电话的目的是什么,需要一个什么样的过程,完了你会有什么样的收益。举个简单的例子:"Daniel,本次来电主要是想对前天的报价单做一些详细阐述,需时约 15 分钟,希望能够帮助您更好地理解供应链以及清楚我公司与其他同行的区别,您看是否可以?"

4. 请注意不要做"麦霸"

在之前的文章《报完价客户就跑,真不是因为我们的价格高》中我提到了,在销售员讲完话之后,客户沉默,销售员很有可能就会开始心慌,怀疑自己刚刚是不是说错了什么,又或者,在销售员报完价之后,客户沉默,销售员也会瞬间怀疑自己的价格是不是太高了,竞争力是不是太弱了。由于害怕遭遇客户的沉默,害怕出现冷场,许多销售员会采取"一轮嘴"（粤语，意思就是说个不停）的做法，但其实这是非常错误的。在前文中我提到了销售员的三个阶段：初级销售员靠说，因为他们不知道客户要的到底是什么，就只能不停地展示自己的产品特点，企图靠运气去撞客户的买点；中级销售员靠问，开始懂得了想要和需要的不同，懂得通过问题去挖掘客户的真实买点；高级销售员靠听，懂得如何引导对方去表达和阐述自己。假如你在和客户沟通的时候，只是一味在说而客户压根儿就不出声的话，这样的情况是最危险的。

因此，最佳做法是每当你说完一段话之后，停下来三五秒（这段时间就叫作黄金静默），看看对方有什么想说想问的，假如你沉默对方也沉默，那就主动一点问："对于我刚才所说的，您有什么疑问吗？您有什么想说的吗？我说的对吗？"诸如此类。

5. 不要事无巨细地打听客户底细

跟大家举一个实际发生的例子。

> 她：你好李先生，我是××4S店的保险顾问，我之前给你报过价的，今天想打个电话跟进一下。
>
> 我：（报价？呃，没有任何印象）不好意思，我已经跟朋友买了保险了。
>
> 她：你朋友是哪家保险公司呢？
>
> 我：平安。
>
> 她：你买的第三方责任险是多少呢？
>
> 我：不好意思，我实在忙，抱歉，再见。

请时刻记住，我们跟客户的每一次接触都是要给他带去价值的，

而不是单纯想着从客户口袋里掏东西,想着即使没有订单了解一些市场信息也好。

客户对我们的来电态度冷淡怎么办

大家可以回想一下,当你接到大多数来自保险公司、房地产公司、金融公司的陌生电话时,你的表现是不是也很冷淡?顶多也就是不冷不热地不拒绝但也不接受。

原因大抵就是如下五点。

(1)你感知不到这通电话所能带来的价值,觉得有听电话的时间还不如多做几页 PPT。

(2)你怀疑对方是否真的可以带来你所需要的东西,譬如那些推销保险的会不会是骗子。

(3)对方的咄咄逼人给你带来了压力,譬如一定要在电话中逼你回答某个问题,或者逼迫你做某个决策,譬如"明天就涨价了,今天得赶紧买"诸如此类。

(4)对方一张嘴就只顾自己说,完全没有留给你表达自己的空间(我朋友曾经接了推销电话后把手机放桌上,不挂断但也不说话,对方愣是说了 15 分钟没发觉)。

(5)你对现有或者潜在的供应商挺满意的,暂时没看到更换的必要。

这些原因切换到你打电话给客户的场景中,其实也是一样的,那我们可以怎样来应对呢?

(1)应用我们刚刚说到的 PPP(目的、过程、收益),让客户知道这轮电话他可以收获什么，以及需要付出多少时间。

（2）用中速、平缓的语调说出设计好的自我介绍，先把四大信任里的职业信任塑造起来。

（3）不要在电话中逼客户做复杂的决策，尤其是购买决策，B2B跟 B2C 不一样，压力并不能促进决策只会招致反感。用电话作为邮件沟通的中间节点，重新把节奏拉回正轨才是我们最大的目的。

（4）要克制自己的表达欲望，我们不是孔雀，不是非得花枝招展才能让别人发现我们的美，黄金静默是一定要学会的。

（5）要站在客户的角度，引导客户用开放的心态看待供应商之间的竞争，"多一个选择对于您来说，毕竟不会有什么坏处，对吧？说不定我还能帮您分析一下这个供应商呢，毕竟我们同在一个行业，熟"，等等。

电话沟通后需要做的工作

当我们终于挂断电话，长长地舒了一口气的时候，请注意我们还剩最后两件事情需要做。

（1）需要对本次通话做一次书面总结，包括：
①我的拜访目标达成了没有？
②是否埋下再次联系客户的伏笔？
③沟通要点跟下一步的工作是什么？
有条件的同学，最好能够做电话录音并且反复地听几遍，毕竟即使客户藏得再深也经不住有心人的反复揣摩。

（2）需要通过邮件给客户发一份正式的备忘录，包含但不限于刚

刚沟通了什么，我们承诺了什么，对方承诺了什么，下一步的具体工作，等等。

第三节　客户提出的反对意见，到底可不可怕

领导曾经教导我："销售是从被拒绝开始的"以及"销售是从被否定开始的"，反对意见（专业用语"异议"）并不可怕，反而是一个隐藏的销售机会，是客户对我们感兴趣的象征。

年轻的我对此深信不疑，在客户一次又一次的拒绝中越败越战，越战越败，并在某年成为公司 TOP3 的销售人员。

假如我是一名心灵鸡汤教主，那么我会按照这个套路跟你讲一个励志的故事，可是作为提倡科学做外贸的一员，面对"销售是从被否定开始的"这一句话，我只想大声地跟你说一句："我反对！"

客户拒绝我们大多数时候会先提出一个异议。所谓异议，大抵就是如下几种：

你们和 A 公司好像没什么区别？

我听说你们的产品质量不是很好？

你们的产品价格实在是太高了呢！

我现在没有更换供应商的想法。

……

按照传统销售的方法，我们应该跳起来兴高采烈地跟客户说："来来来，我跟你解释一下我们和 A 公司有什么不同"，但是，我们有没有思考过一个问题：客户为什么会提出这个异议？

原因很简单，要么是你没有开发出客户的需求；要么是你太早提

出了方案（例如一接触就报价）。

什么叫作"开发客户需求"呢？知道了客户要什么价格、什么材料、什么颜色、什么规格的产品，就叫作开发出客户需求了吗？

其实并不是。

雷鸣 Alex 在"以客户为中心的顾问式销售课"上说："需求是客户想要解决的问题，或者想要达成的目标。因此客户的需求并不是所谓的材料、颜色、规格，而是他到底要借助这个产品达到什么样的目的。"理清楚了这一点，我们才能够算是真正开发出了客户的需求。

举个简单的例子，客户告诉我们他的目标价格是 120 美元，这个只是期望层面的要求，关键是他为什么要求 120 美元？到底是要借助这个价格去打击竞争对手，还是圣诞到了需要做一波促销，还是想要巩固自己的行业地位？

假如是要打击竞争对手，那么客户为什么需要打击竞争对手？是因为竞争对手最近找到了一个更便宜的供应商，来势汹汹让客户感觉到焦虑了吗？

假如是，那么 120 美元的产品，就一定可以打击到竞争对手吗？就一定可以解决客户的焦虑吗？

有没有其他的办法？

当我们分解到这一步，那么事态就非常明朗了，只要我们能够解决客户真实存在的问题，价格是不是 120 美元，其实没有那么重要。接下来才轮到做方案跟报价，向客户证明我们有帮助对方解决问题的能力。这也就是为什么，太早提方案容易招致客户异议的原因，因为在我们尚未清晰客户需求的时候，打出去的拳头往往都是落不到实处的。

所以异议的产生并不是一件值得高兴的事情,它其实是由于我们工作的缺失造成的,假如我们只是一味地在被动回答客户的异议,也只会陷入"治疗表面症状"的泥潭而已。因此,最佳处理异议的办法,并不是传统销售所提倡的"解决异议",而是"防范异议"。

基于国际贸易的特殊属性,以及传统外贸企业营销工作的缺失、个人能力暂时的不足,异议在很多时候根本无法避免,这个时候我们应该怎么办?

首先,别瑟瑟发抖。外贸人一直以来的工作大多数都是客户问什么就答什么,客户要什么就给什么,没有太多处理"情绪"和"异议"的经验,因此每当客户提出一个我们没有办法满足的要求时,或者每当客户用强烈的情绪提出反对意见时,大家瞬间就会慌。其实没必要,你去菜市场买菜的时候,不也会嫌弃人家的大白菜价格太高、颜色不够鲜艳,人家卖菜的阿姨发抖了没?

其次,我们得理清客户提出的异议到底是一个"事实",还是一个"观点"。

所谓事实,是一种客观存在,它没有对错,也没有好坏,只有真假。同时,事实具备可验证性,包括证实,也包括证伪。

而观点,则是某人关于某件事情的某个看法,是受到主观影响的。

举几个简单的例子说明一下。"今天的天气很热"这一句话是事实还是观点?当然是观点,只有"今天广州的户外气温是30摄氏度",这样的陈述才能称之为事实。而由于不同人对于热的感受是不一样的,有些人25摄氏度就觉得热,有些人30摄氏度才觉得热,所以假如你跟对方说,"你错了,今天的天气根本一点都不热"的话,这样的争辩是毫无意义的,因为他确实是感觉到热,你也确实是感觉到不热,肯定谁都说服不了谁。

同样的道理,"A 比 B 漂亮"这句话是观点,"巧克力雪糕是最好吃的甜品"这句话也是观点,"Your price is too expensive(你的产品价格太贵了)"也是观点。这就意味着,假如客户告诉你,你的产品价格太贵啦,我不能和你买,而你只是一味地说,我的价格不贵,这就只是两种观点的纠缠而已,而这样的纠缠是没有结果的,就如同你和朋友在争辩苹果手机和三星手机到底哪个更好用一样。

在大多数情况下,客户提出异议其实只是一种观点而已,因此我们要在客户提出异议时做到如下两点。

(1)千万不要去挑战客户的认知。由于自利性偏差这个行为心理学理论的存在,卖家与买家之间有着天然的认知差异,而且这种认知差异很有可能是根深蒂固的。譬如客户认为某个供应商的产品质量好,即使作为行家我们认为这个供应商的产品质量没那么好,我们也不要去指责客户的观点是错的,我们只需要说"我们的质量和对方一样好"就行了,否则就算我们拿出证据,客户也会认为我们是在诡辩。

(2)尝试将观点转化为事实。例如客户说我们的产品价格高,好,那请问一下"我们的价格到底是跟市场价、目标价还是竞争对手的价格相比高了呢?假如是和竞争对手的价格比,那我们的价格又高了多少"等问题,最终我们可能就能够得出客户的一个事实陈述。例如"我们 A 型号的价格相比 B 竞争对手高了 10%"等,这个时候我们要么就是对这个事实陈述进行证伪,也就是证明它是假的,要么就是承认事实存在,我们的价格确实贵,但我们的付款方式更加灵活,客户可以收到货之后再付款等 。此时,就看客户需要的到底是价格还是付款方式了。

但是,这个时候又有了新的问题,我已经明确了客户的需求,也提出了相对应的方案,客户也表示了支持,没有异议了,但为什么就是不下单啊?

我想先问大家一个问题,你们认为在你的潜在客户里面,到底是活跃客户多呢,还是非活跃客户多?所谓活跃客户,意思就是有明确采购需求,也会给你发询盘的客户;而所谓非活跃客户,则是没有明确采购需求,即使你找上门,对方也可能会跟你说"不用了谢谢"的那种客户。

答案当然是非活跃客户多,原因很简单,那就是大部分客户的需求其实一直都存在,例如"找到更好的供应商以提高竞争力",只不过这个需求还不足够强烈,因此他们不会进行改变。举个简单的例子,某产品采购价 120 美元,销售价 200 美元,中间有 80 美元作为利润和费用,有更低的价格,或者能够卖得更贵那当然好,可是假如没有,也没有很大影响,对吧?可是假如采购价 120 美元,销售价只能到 150 美元,中间的 30 美元连费用都无法分摊,随时有亏损甚至破产的危险,这个时候换供应商的需求就非常强烈了,他自然就得马上行动,采取措施。

人和组织一样都是有惰性的,得过且过是人共同的思维。

即使你不喜欢现在这份工作,但收入还可以,上司和同事们都挺不错的,你就很有可能不会有要换工作的念头。

即使你知道公司现在的管理有问题,但这些问题尚未到致命的程度,你也很有可能没有想要去改变,因为任何改变都是有成本的。

即使客户知道供应商现在的价格不算最低,但反正现在也还能卖,算了,换新的供应商也挺麻烦的。

因此在面对客户的时候，我们首先需要做的，就是找出对方可能的痛点在什么地方（需求），其次刺激它（放大需求），让对方能够感觉到痛（不改变的后果），例如比较夸张的说法："朋友，你家供应商都快倒闭了，你还不换啊？"

那么，我们要怎么放大客户的需求，让对方感觉到痛呢？

让我们先来看一个反面例子。

卖家：下线经销商是不是有人抱怨当前的产品安装不是很便利？

买家：是的，不是很多，但确实有一些。

卖家：我们刚开发了一款新产品，采用了新的结构，能够节省20%的安装时间，原本需要3个人的安装程序，现在两个人就足够了。

买家：哦，挺好的，成本大概要上升多少呢？

卖家：要比旧产品大概贵10%。

买家：噢，那太贵了，我不觉得当前市场能够承受得起。

接下来，我们再来看另外一种说法：

卖家：下线经销商是不是有人抱怨当前的产品安装不是很便利？

买家：是的，不是很多，但确实有一些。

卖家：那这种安装不便利，会给他们带来什么样的困扰呢？

买家：每次出工都需要三个人，安装一次大概需要两个小时，有些经销商抱怨他们现在一天只能够给8个用户安装机器，根本忙不过来。

卖家：听上去这个问题并不单纯只是发生在有抱怨的经销商身上？

买家：我想是的，只是有些经销商的人手比较多，暂时还没有忙不过来的情况。

卖家：这样的话，假如能够减少机器的安装时间，经销商们一天是不是能够接更多的订单？例如从原本的每天8个订单增加到10个？

买家：在旺季的时候确实是这样的，但假如在淡季的时候，一天可能都接不到8个订单，就不会有这样的问题。

卖家：咦，那淡季的时候岂不是意味着经销商有人员浪费的情况？

买家：是的，所以行业一般的做法都是淡季的时候裁员，旺季的时候再急急忙忙招人。

卖家：听上去有种旺季因为人手不足限制了销售，淡季又因为人手过剩增加了成本的感觉。这种情况对你的影响大吗？

买家：这么说来影响还挺大的，难怪这两年旺季时候的销售情况并不如预期的理想，之前我还一直在想到底是什么原因。

卖家：我明白了。看来目前这款产品确实存在着一些状况，虽然只有少数经销商有抱怨，但其实应该是个普遍性问题，导致了下线经销商有单接不过来和人员结构的不优化，最终导致了你这边的销售不理想。

买家：对！看来我得赶紧做点什么了，否则明年旺季的业绩够呛。

卖家：我们刚开发了一款新产品，采用了新的结构，能够节省20%的安装时间，原本需要3个人的安装程序，现在两个人就足够了，看来我们可以谈谈如何帮助你完成明年的旺季目标了。

（如上两个对话并非真实，但却是根据实际产品设计的）

从第二个例子我们可以看出以下四点。

（1）相比你，客户肯定更关心他的客户和市场，来自于市场的需求和压力，在客户的心目中要远远大于来自供应商的诉求。

（2）由于角度和立场的不同，买卖双方对于利益的认知是不一样的，销售的职责就是要引导客户产生和我们一样的认知。

（3）有认知不代表就会有行动，要学会放大问题的重要性和紧迫性，"痛"才是导致行动的最直接动力。

（4）不要太早报价，太早拿出你的方案。在需求、方案尚未匹配的时候，我们宁可不报价坐等下一次机会，也好过让客户认为"这个供应商不靠谱"。

总而言之，在心态上我们不应该害怕来自客户的异议，但是在工作上我们需要通过对客户需求的深挖与痛点的放大，把异议消灭在萌芽当中。不信你可以回忆一下，在你的销售生涯当中，到底是经常表达异议的客户比较容易下单，还是那些经常表达支持的客户比较容易下单。

第十章　群发——销售大忌

第一节　群发祝福微信的人,基本不适合做销售

逢年过节的时候,其实我都挺苦恼的。

不管再怎么呼吁"能够用红包解决的问题,咱尽量不说话",每个节日我都会收到数百条的群发祝福微信(那些拉人进群再发祝福微信的就更不用说了),什么"我怕初一的祝福太多挤不进去""新春佳节已经悄悄来到"等,原创的也好,复制粘贴的也罢,反正只要是群发的东西我一概不看。

说实话,群发祝福微信的人,未必有什么恶意,相反他们可能还是好心,想把祝福洒遍人间的每一寸土地。可是我想说,从过去的群发短信到今天的群发微信,假如你还觉得这种行为是理所当然的话,可能你就不是一个适合干销售的人,因为你可能缺乏一种销售岗位必

需的能力：共情力。

所谓共情力，指的是能够设身处地理解他人的处境，从而感知对方情感的能力。雷鸣 Alex 在外贸 G 友团 2016 年广州年会的时候提过"以客户为中心"的概念，要做到这一点首先就必须具备共情力，否则你所做的一切工作，都可能只是在自我陶醉而已。但是要做到这一点是非常困难的，因为"自我"本来就是人类与生俱来的天性，就好像小孩子在接受教育之前，从来都不会理会他的行为到底会给别人造成什么影响一样。从放下自我到感知他人，再到成全他人，除了天赋以外更多需要的是后期的练习。

所以对于群发祝福微信的朋友们，我稍微"共情"了一下，我猜他们的想法大概是这样的。

（1）天气挺冷的，我就不要撸起袖子干了，两三百微信好友，"嗖"一声发完信息后我继续回被窝睡觉。说到底这么做就是一个"懒"字作怪，但我们稍微从发祝福微信的目的来反推一下，不管是维系关系，还是散播祝福，都得对方能够感知到才会起作用，然而现在大多数人都是一看到群发的消息就选择性忽略，也就是说我们的目的完全没有达到，那还不如不发。

（2）反正微信流量不费钱，不发白不发，白给的祝福你还挑三拣四啊！

（3）大家都是这么干的，那我就随大流吧，反正年节祝福这档事儿，也没那么重要。没错，年节祝福是没那么重要，可是在开发客户这种重要事情上，也没少见你使用群发开发信啊？

总而言之，群发祝福微信的人，要么就是懒，要么就是缺乏共情能力，而这两条在我看来，都是销售的死罪，尤其是第二条。销售是跟人打交道的岗位，而缺乏共情能力的人，并不适合处理和"人"相关的工作，因为他无法分辨同样的一句话，在不同的时间、地点、场合以及由不同的人说出来，可能会有的不同效果；又或者他害怕处理任何跟他人情绪相关的工作。就拿类似于"推迟货期"这样的事情来说吧，有些人就会由于害怕面对客户的怒火，从而一直拖到最后一刻才跟客户说出事实，甚至还会选择一个周五晚上的 11 点半才发邮件。这样他会觉得至少还有一个周末的时间可以来安抚自己惶恐的内心，可是他就没有想到，尽管不好的事情无可避免地最终还是要发生，但客户早一刻知道的话至少还可以早做准备和安排，例如提前做好心理准备和第二预案之类。然而作为销售员的他，却选择了客户在自以为一切顺利可以安心过个好年的时候捅一刀子，而且还让客户收到邮件就过周末，压根儿就不知道应该去哪儿找他解决问题，这个时候客户除了生气，他还能干吗？

越害怕，结局可能会越糟糕。

然而这也并不是一个无法改变的事情，我自己就曾经是一个缺乏共情能力的人。要提高共情能力，我认为有如下几种办法可以尝试。

（1）首先，咱们要真正地认识到共情能力的重要性，摆脱"我安好哪管它洪水滔天"或者"走自己的路，管别人怎么说"这种以自我为中心的思想。

（2）强迫自己去观察和揣摩别人在说每一句话，做每一个动作、每一个表情时可能存在的情绪是什么，并且在有必要的时候，向对方求证："你刚才是不是生气/开心/失望了"等。

（3）强迫自己换位思考，去思考当每一件事情发生时，可能会给对方造成什么样的影响。"己所不欲，勿施于人""己之所欲，亦勿施于人"。自己不喜欢的事情，不要让它发生在别人身上；自己喜欢的东西，也不要理所当然地认为对方一定就会喜欢。

当然了，假如你并不从事和人打交道的工作，共情能力也不是那么重要。只不过我们身在职场，又是否能够做到躲在自己的小世界里，真的不和任何人打交道呢？

如上所说的这些，其实就是情商。

雷鸣 Alex 曾经在公众号上推送了这么一条消息。

"绩效专家哈罗德·斯托洛维奇做过一个面向 48 000 名销售人员的分析，主要是测试销售员从事销售的年限与销售业绩的关系。"

测试下来的结果是："销售业绩"和"工作年限"没有什么关系。也就是说老销售员的业绩未必比新销售员好。

这个结论可以说明以下几点。

（1）经验的作用可能没有我们想象的那么大，甚至小得多，大部分销售员其实没有什么系统的销售方法或者销售流程，大家都是在探索着干。

（2）"变化"才是在销售中起到决定性作用的要素。

（3）工作年限在销售这个岗位上对绩效可能会有较强的反作用，尼尔·雷克汉姆也有类似的"销售的 18 个月定律"的说法。

我稍微再补充四点。

（1）在销售这个岗位上，天赋的作用远比我们想象中大，像"共情能力"就是天赋的一种。

（2）假如我们并不具备销售天赋，系统的强化训练和刻意练习是唯一可行的方式，然后再用自己的练习去打败别人的天赋。

（3）工作年限的唯一作用，可能仅在于获得其他同事离职时遗留

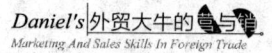

下来的客户资源。

（4）我们不一定非得选择销售这条路，条条大路通罗马，选自己最擅长的路，人生的压力会没有那么大。

第二节　你发的邮件不叫开发信，叫垃圾邮件

我和朋友曾经在门徒俱乐部聊开发客户的渠道，门徒俱乐部大师兄说他现在就靠 LinkedIn 主动开发客户，找到客户信息之后发开发信，半年时间开发了十几个客户（样品＋大货），全是行业 TOP5（前 5 名）的企业。

有些人可能有疑问，为什么我每天发几百封开发信，什么效果都没有呢？

要讨论开发信到底有没有用，我们首先得将它做如下分解。

到底什么是开发信

所谓开发信，一般说的就是我们拿到了潜在客户负责人的邮箱之后，意图跟对方联系上的邮件。在这个环节容易出现三个问题。

（1）大家并没有去分析对方到底是不是我们的潜在客户，可能就只是纯粹拿到了一个邮箱，然后就抱着试一试的态度，发了封邮件过去。

（2）大家并没有真正取得客户负责人的邮箱，顶多只是一些管理邮箱或信息邮箱，但类似这样的邮箱，真的很少人会看，即使看也更多关注的是客户询盘而不是供应信息。

（3）大家并没有充分研究客户的情况，并有针对性地设计开发信，而是用了一个通用的模板，只是一味在介绍自己是谁而完全没有涉及任何客户关心的问题。更可恶的是邮件居然还是群发，而不是单独发送。

假如你的邮件有如上的三个问题，一般我们不将它称为开发信，而是称为垃圾邮件。

我们发开发信的目的是什么

意图发一封邮件过去之后，客户就满心欢喜地说"我终于等到你了，赶紧下单"肯定是不现实的，事实上开发信可以实现的目的本身就很有限，基本也就属于"取得联系"的范畴，但我们还是可以把开发信的目的做如下三层分解。

（1）客户收到我们的邮件之后，不回复，但我们知道对方收到了（例如有收条）就可以，在这一层我们的目的就是让客户知道我们的存在。

（2）客户收到我们的邮件之后，回复说虽然他现在不需要我们的产品，但我们可以保持联系。

（3）客户收到我们的邮件之后，回复跟我们要东西，例如方案、报价等。

这三层目的，由浅及深，目的不同我们的操作手法自然也不同。我并不建议大家把第三层作为目的，因为这一层不可控的东西实在太多了，以此为目的就等于将自己完全交给了命运。

为什么呢？

我们可以来分析一下，客户在收到我们的开发信之后，他在什么情况之下会跟我们要东西？

（1）不在采购计划的进行阶段，客户基本上是不会跟我们要东西的，因为要了也没用，还不如等有采购计划了再说。即使客户无聊跟我们要了资料，也不过就是随便看看而已。

（2）假如正好遇到客户处于采购计划的进行阶段，我们就要再对采购进展进行拆分。

①在需求形成阶段客户的回复概率是最高的，因为他需要大量的信息来帮助自己形成明确的需求。而且在这个阶段，把订单推进下去的概率是最高的。

②在方案评估阶段，客户的回复概率会低下来，除非他手上的几家供应商都只能勉强达到他的要求，他需要对现有方案进行补充。但即使如此，他也会更倾向于用新入局供应商的方案去要求原有供应商。

③在采购决策阶段，客户的回复概率顶多也就比没有采购计划时高一点点，因为他已经有了潜在供应商，关键只是决定跟谁买以及如何获取更大利益而已。此时新入局的供应商基本上只会是备胎，作用就是降低决策风险，例如"新供应商的报价那么高，我的选择果然是正确的"，或者"新供应商的报价居然那么低，质量肯定比我选的那家差远了"，或者"新供应商和潜在供应商的价格差不多，我果然没有被骗"诸如此类。对于B2B的生意来说，能够到达这个采购阶段的订单都意味着之前已经投入了大量的时间和成本，基于"损失规避"理论，除非出现重大问题，否则重走一次流程是相当困难的。因此假如你遇到的客户处于这个阶段，在本次采购计划中你基本上也就是走个过场。

从如上分析我们可以发现，在主动开发客户的时候，刚好碰到客户处于需求形成阶段，或者即使处于方案评估与采购决策阶段但竞争对手犯了很严重的错误，这样的概率到底有多高？

因此最合适的做法，应该是把第二层目的作为我们的主要目的，让客户知道我们的存在，同时相对认可我们，这样一旦对方启动采购计划进入需求形成阶段时，会想起我们。

什么样的开发信可以帮助我们实现目标

1. 不要过多地讲述关于"我"的信息

我们的公司是一家什么样的公司，我们做什么产品，我们有多厉害，这些跟买家真的一点关系都没有。We are a leading manufacturer of ×××products with high quality and competitive price（我们是×××产品的顶尖生产商，我们的产品质量好，价格有竞争力），这种废话式的邮件，买家一年要收到几千封，想想看假如你是买家，你会怎么看？我们在跟客户的接触过程中，一定要尽可能去"忘记"我们的产品，将精力重点放在探寻客户的需求，了解对方可能存在的问题以及预期想要达到的目标，之后才是要如何用我们的产品去帮助对方实现目标。

2. 要更多地涉及关于"你"的信息和"他"的信息

所谓"你"就是客户，所谓"他"最好是客户的现有供应商，或者客户的竞争对手。人都是利己的，往往只关心和自身有关系的事情，那么市场的变化、行业的趋势、友商的动态和供应链的情况等才是客户最关心的东西。举个简单的例子，假如我们发封邮件给客户，说他的某个竞争对手近期正在做产品的调整升级，例如从原有的定频空调升级到变频空调,假如他感兴趣的话可以回邮件探讨更多情况。假如你是客户,你会不会回复这封邮件?

3. 善用一些诱导的小技巧

一般情况下,即使客户觉得你给他发送的东西有用,他也默认是不回复的。那么我们要如何确认此时我们已经达成了保持联络的第二层目的,还是仅仅处于让客户知道我们存在的第一层目的呢?有一些小技巧可以使用,例如在发了几封邮件之后,你告诉客户"假如你认为我的发送内容对你造成了困扰,请告诉我,我将停止发送"或者"假如你认为有用,请告诉我,否则为了避免打扰我会停止发送"等,如果此时客户已经相对认可了你,又或者真的想让你不要再给他发邮件了,他都会回复说一声。

至于其他的一些建议,例如附件不要太大,发送周期最好固定,每次发送的邮件最好都能带去新的内容,相信已是常识,这里不再阐述。

最后,假如客户回复了我们的开发信,跟我们要报价,请注意这个时候我们要做的并不是欢天喜地地准备报价表。我之前就说了很多遍,价格应该是在谈判的后半段才发出去的,原因很简单。

(1)在需求形成、方案评估、采购决策这三个阶段里,价格永远都不是买家最关心的,你在一开始就拿一个并不是买家最关心的东西去"献宝",其实意义不会太大。

(2)价格是一个只可以降不可以升的东西,一旦你报出了价格,它就形成了一个锚点并且牢牢地在客户的心中占据某个位置。当然你也可以先报一个很高的价格出去以后再慢慢降,可是在客户尚未对你形成预期价值之前,说不定你连降价的机会都不会有客户就跑了。

（3）当你把价格报出去时，双方的关注和谈判焦点就会只集中在价格上，我想这不会是你想要的。

最好的做法，应该是先打个电话过去说："我已经收到你的询盘了，为了更好地提供有针对性的方案，想稍微跟你了解几个问题。"这么做的目的是，无论客户当前处于哪个采购阶段，我都尝试强行将对方拉到需求形成的阶段，否则初入局的我们在采购决策阶段跟人比拼，失败的概率是相当高的。

通过如上讲解，客户为什么不回你的开发信，以及为什么在你好不容易得到了一个客户回复，结果报价之后客户再也没有下文的原因，你找到了吗？

第十一章　销售的晋级之路

第一节　如何真正提升自己的销售能力

如何提高自己的销售能力

在提高销售能力方面，有两个比较大的问题是：

（1）"能力"是很难被量化的；

（2）"销售能力"很难单纯靠学习提升，它靠的是训练，持续的、重复的、枯燥的训练。

正因为如此，很多时候我们看不到自己的进步，又或者明明读了许多书，参加了许多培训课，但依然感觉没有什么提升。

那么，我们要怎么解决能力无法量化的问题呢？一切用业绩说话？成王败寇，有单就是王者，有单就有荣耀？

假如是这样的话，我们就很有可能犯了"结果偏见"的毛病。

所谓"结果偏见"，指的就是由于只看结果不看过程而导致的对形成结果的真实原因的归因偏差。它最大的特点就是，这样的结果基本是没有办法复制的。

所以，除了结果之外，我们还需要看过程。

什么是过程呢？

打了多少电话？

发了多少开发信？

找了多少潜在客户？

也不对，这些都只是动作而已，我们所说的过程，并不单纯指你的努力程度，而是指你的"有效努力"，例如你到底把多少个客户推进到什么样的销售阶段？

尼尔·雷克汉姆曾经提出一个构想："销售人员应该根据销售过程的表现发提成，而不仅仅是根据最后的结果。"例如100万元订单的提成是2万元，我们不能够把2万元就这么发下去，而应该根据他的销售过程进行评分，再决定这2万元应该发多少。

由此我们可以发现，并不是你去年做了100万元的订单，今年做了300万元的订单，就叫作销售能力的提升，这个都只是"结果"而已。也并不是你今年读了10本销售领域的书籍，上了雷鸣Alex"以客户为中心的顾问式销售"课程，就叫作销售能力的提升，这个仅仅只是"动作"。

我们应该做的是，首先，设立一个清晰可见的目标，譬如"懂得通过SPIN四种类型的提问挖掘至少10个客户的真实需求与动机"。其次，将这个目标做进一步的分解。

（1）阅读尼尔·雷克汉姆的《销售巨人》，输出不少于5 000字的读书报告，深入了解到底什么是"背景问题、难点问题、暗示问题、需求—效益问题"。

（2）使用SPIN的方法，完成一次对客户的提问和引导，并输出不少于1 000字的案例总结。

（3）参加雷鸣Alex"以客户为中心的顾问式销售"课程，理解到底什么是"信息类问题、认知类问题、控制类问题、确认类问题"，与SPIN做对比，并输出不少于2 000字的学习报告。

（4）设计不少于50道问题，分别归类到SPIN的4个象限。

（5）刻意使用这四种类型的提问跟4名客户进行沟通，并输出不少于1 000字/客户的案例总结。

（6）根据过往的学习和案例总结，梳理出一份不少于2 000字销售领域的心得体会。

（7）学会淡化刻意的痕迹，跟5名客户进行销售沟通，体会无意—刻意—随意之间的效果区别，并输出不少于1 000字/客户的案例总结。

（8）对"懂得通过SPIN四种类型的提问挖掘至少10个客户的真实需求与动机"这个目标，进行一次不少于3 000字的大总结。

建议你从这一刻开始，就给自己设立一个销售能力的提升目标，以及将步骤进行分解。

第二节　销售员非得往管理方向发展不可吗

说到销售人员的晋升，大多数人都存在着类似这样的误区：管理是领导岗位，我以后一定要朝着管理的方向前进。

这种想法其实是非常错误的，管理人员尽管可能来自一线，例如销售一线，但事实上销售员到管理人员，并不是一个 A 到 A＋的过程，而是一个 A 和 B 的分别，两者所需要的能力是完全不一样的，一个是士兵，一个是将军，一个在前方冲锋陷阵，一个在后方指挥若定。

那么，到底什么是管理呢？我发布一项任务，然后下属根据我的任务要求去执行，这就是管理，对吗？

这种认知比较片面。事实上这只是管理的一小部分内容。

商业世界里的大多数岗位都可以分为 P（Professional，专业）和 M（Management，管理）两种，所谓 P，意思就是你的岗位内容并不需要和团队产生太多交互作用，或者交互渠道比较单一，而且价值主要是由你自身来完成的，例如技术、研发、会计、财务、销售相关岗位。从这个角度出发，即使你的手下有 10 个人，但只要这 10 个人的工作仅仅是降低你的工作量，主要价值还是由你来创造的话，那你依然还是 P。而所谓 M，意思则是说你的工作并非创造直接价值，而是帮助整个团队去创造价值，你更多起到的是组织、协调、促进和激活的作用。

从这个角度出发，我们说一个人适不适合做管理，首要标准其实不在于技能层面，而在于对方到底是更愿意干好自己的事，创造直接价值，还是更愿意帮助别人干好事，创造间接价值。

所以，假如你本来是 P，但公司硬要晋升你为 M 的话，这种晋升事实上对双方都是一种伤害。举个简单的例子，大多数企业的销售管理人员都是从顶级销售里来的，也就是说，谁的业绩做得最好，谁就上位。这可就不太好了。

销售跟管理，到底有哪些主要的区别？在我看来，管理其实就是干四件事情：

（1）培养团队；

（2）带领团队；

（3）制定规则；

（4）寻找接班人。

我们可以发现，这四件事情，全部都是在帮助别人发光发热，跟过往我们作为顶级销售，是完全相悖的路径。毕竟，销售和体育不一样，在体育领域，有不少体育明星最终转型做了教练，那是因为他们的体力不再适合高强度的竞技运动，只能转型靠技能吃饭。但销售，本来就是一个靠技能吃饭的行业！

所以，千万不要以为销售员的唯一出路就是管理。

这个时候问题来了，作为销售员，假如我已经确定了不会朝管理的方向前行，那么我应该朝着哪里发力？

个人认为，可以从如下的两个方向入手。

1. 行业专家

所谓行业专家，意思就是把所处的行业完全吃透，不让自己仅仅是一个卖货的角色，并且可以慢慢地从小行业跨到大行业。以我自己为例子，作为一个在空调行业工作了十余年的人，我能够看到空调行业在市场中的历史、现在与未来，我能够清楚地知道行业内各个厂家的动态以及最新的产品与技术研发情况，我能够在看到面板设计的时候就知道这款产品来自哪个供应商，以及和自家产品相比有哪些优势和劣势，能够实现"四维商业思维"，能预测出当我把这个价格报出去之后，竞争对手会采取什么样的策略，对客户后续的销售会有什么样的影响，市场将发生怎样的变化，其他客户又会有什么样的动态产生等。

这个我们就称之为行业专家，要达到这个程度一般都需要数年乃至数十年的沉淀。

2. 销售专家

所谓销售专家，大家可以把雷鸣 Alex 作为一个参考模板。懂得用科学的思维做销售，懂得应该怎样做才能够在最短时间之内塑造客户对你的信任，懂得如何引导跟挖掘客户真实的需求，以及背后潜藏着的动机，懂得如何向客户证实自己的方案可以帮助对方解决问题，懂得怎样做才是为客户真正创造价值。但是有一点需要提醒大家，销售专家绝对不是一个懂得许多销售技巧的人，例如我也曾经非常迷信销售技巧，什么"你今天再不下单明天就要涨价啦""推迟货期是零部件供应商的问题，跟我们一点关系都没有啦"等。但是我后来发现，这些销售技巧其实都是很初级的东西，一天不懂得什么叫"从市场和客户出发""以客户为中心"，都不能称之为销售专家。

最后我想说，每个人都靠出卖某种东西生存，不管是销售员手中的产品，劳动者肩上的体力，培训师脑里的知识，管理者胸中的沟壑，还是每个人共同拥有的时间。从这个角度出发，人人都是销售。

书目介绍

乐贸系列

书名	作者	定价	书号	出版时间

📖 国家出版基金项目

书名	作者	定价	书号	出版时间
1. "一带一路"国家投资并购指南	冯斌 李洪亮 Gvantsa Dzneladze（格） Tamar Menteshashvili（格）	98.00元	978-7-5175-0422-1	2020年3月第1版
2. "质"造全球:消费品出口质量管控指南	SGS通标标准技术服务有限公司	80.00元	978-7-5175-0289-0	2018年9月第1版

📖 跟着老外学外贸系列

书名	作者	定价	书号	出版时间
1. 优势成交:老外这样做销售（第二版）	Abdelhak Benkerroum（阿道）	58.00元	978-7-5175-0370-5	2019年10月第2版

📖 外贸SOHO系列

书名	作者	定价	书号	出版时间
1. 外贸SOHO,你会做吗?	黄见华	30.00元	978-7-5175-0141-1	2016年7月第1版

📖 跨境电商系列

书名	作者	定价	书号	出版时间
1. 跨境电商全产业链时代:政策红利下迎机遇期	曹磊 张周平	55.00元	978-7-5175-0349-1	2019年5月第1版
2. 外贸社交媒体营销新思维:向无效社交说No	May（石少华）	55.00元	978-7-5175-0270-8	2018年6月第1版
3. 跨境电商多平台运营,你会做吗?	董振国 贾卓	48.00元	978-7-5175-0255-5	2018年1月第1版
4. 跨境电商3.0时代——把握外贸转型时代风口	朱秋城（Mr. Harris）	55.00元	978-7-5175-0140-4	2016年9月第1版
5. 118问玩转速卖通——跨境电商海外淘金全攻略	红鱼	38.00元	978-7-5175-0095-7	2016年1月第1版

📖 外贸职场高手系列

书名	作者	定价	书号	出版时间
1. 新人走进外贸圈 职业角色怎么选	黄涛	45.00元	978-7-5175-0387-3	2020年1月第1版
2. Ben教你做采购:金牌外贸业务员也要学	朱子赋（Ben）	58.00元	978-7-5175-0386-6	2020年1月第1版
3. 思维对了,订单就来:颠覆外贸底层逻辑	老A	58.00元	978-7-5175-0381-1	2020年1月第1版
4. 从零开始学外贸	外贸人维尼	58.00元	978-7-5175-0382-8	2019年10月第1版
5. 小资本做大品牌:外贸企业品牌运营	黄仁华著	58.00元	978-7-5175-0372-9	2019年10月第1版
6. 金牌外贸企业给新员工的内训课	Lily 主编	55.00元	978-7-5175-0337-8	2019年3月第1版
7. 逆境生存:JAC写给外贸企业的转型战略	JAC	55.00元	978-7-5175-0315-6	2018年11月第1版

书名	作者	定价	书号	出版时间
8. 外贸大牛的营与销	丹 牛	48.00元	978-7-5175-0304-0	2018年10月第1版
9. 向外土司学外贸1：业务可以这样做	外土司	55.00元	978-7-5175-0248-7	2018年2月第1版
10. 向外土司学外贸2：营销可以这样做	外土司	55.00元	978-7-5175-0247-0	2018年2月第1版
11. 阴阳鱼给外贸新人的必修课	阴阳鱼	45.00元	978-7-5175-0230-2	2017年11月第1版
12. JAC写给外贸公司老板的企管书	JAC	45.00元	978-7-5175-0225-8	2017年10月第1版
13. 外贸大牛的术与道	丹 牛	38.00元	978-7-5175-0163-3	2016年10月第1版
14. JAC外贸谈判手记——JAC和他的外贸故事	JAC	45.00元	978-7-5175-0136-7	2016年8月第1版
15. Mr. Hua创业手记——从0到1的"华式"创业思维	华 超	45.00元	978-7-5175-0089-6	2015年10月第1版
16. 外贸会计上班记	谭 天	38.00元	978-7-5175-0088-9	2015年10月第1版
17. JAC外贸工具书——JAC和他的外贸故事	JAC	45.00元	978-7-5175-0053-7	2015年7月第1版
18. 外贸菜鸟成长记(0～3岁)	何嘉美	35.00元	978-7-5175-0070-4	2015年6月第1版

📖 外贸操作实务子系列

书名	作者	定价	书号	出版时间
1. 外贸高手客户成交技巧3：差异生存法则	毅 冰	69.00元	978-7-5175-0378-1	2019年9月第1版
2. 外贸高手客户成交技巧2——揭秘买手思维	毅 冰	55.00元	978-7-5175-0232-6	2018年1月第1版
3. 外贸业务经理人手册(第三版)	陈文培	48.00元	978-7-5175-0200-5	2017年6月第3版
4. 外贸全流程攻略——进出口经理跟单手记(第二版)	温伟雄(马克老温)	38.00元	978-7-5175-0197-8	2017年4月第2版
5. 金牌外贸业务员找客户(第三版)——跨境电商时代开发客户的9种方法	张劲松	40.00元	978-7-5175-0098-8	2016年1月第3版
6. 实用外贸技巧助你轻松拿订单(第二版)	王陶(波锅涅)	30.00元	978-7-5175-0072-8	2015年7月第2版
7. 出口营销实战(第三版)	黄泰山	45.00元	978-7-80165-932-3	2013年1月第3版
8. 外贸实务疑难解惑220例	张浩清	38.00元	978-7-80165-853-1	2012年1月第1版
9. 外贸高手客户成交技巧	毅 冰	35.00元	978-7-80165-841-8	2012年1月第1版
10. 报检七日通	徐荣才 朱瑾瑜	22.00元	978-7-80165-715-2	2010年8月第1版
11. 外贸实用工具手册	本书编委会	32.00元	978-7-80165-558-5	2009年1月第1版
12. 快乐外贸七讲	朱芷萱	22.00元	978-7-80165-373-4	2009年1月第1版
13. 外贸七日通(最新修订版)	黄海涛(深海鱿鱼)	22.00元	978-7-80165-397-0	2008年8月第3版

📖 出口风险管理子系列

书名	作者	定价	书号	出版时间
1. 轻松应对出口法律风险	韩宝庆	39.80元	978-7-80165-822-7	2011年9月第1版
2. 出口风险管理实务(第二版)	冯 斌	48.00元	978-7-80165-725-1	2010年4月第2版
3. 50种出口风险防范	王新华 陈丹凤	35.00元	978-7-80165-647-6	2009年8月第1版

| 书名 | 作者 | 定价 | 书号 | 出版时间 |

📖 外贸单证操作子系列

1. 跟单信用证一本通（第二版）　　何源　　48.00元　978-7-5175-0249-4　2018年9月第2版
2. 外贸单证经理的成长日记（第二版）　曹顺祥　40.00元　978-7-5175-0130-5　2016年6月第2版
3. 信用证审单有问有答280例　　李一平　徐珺　37.00元　978-7-80165-761-9　2010年8月第1版
4. 外贸单证解惑280例　　龚玉和　齐朝阳　38.00元　978-7-80165-638-4　2009年7月第1版
5. 信用证6小时教程　　黄海涛（深海鱿鱼）　25.00元　978-7-80165-624-7　2009年4月第2版
6. 跟单高手教你做跟单　　汪德　32.00元　978-7-80165-623-0　2009年4月第1版

📖 福步外贸高手子系列

1. 外贸技巧与邮件实战（第二版）　刘云　38.00元　978-7-5175-0221-0　2017年8月第2版
2. 外贸电邮营销实战
　　——小小开发信　订单滚　薄如骢　45.00元　978-7-5175-0126-8　2016年5月第2版
　　滚来（第二版）
3. 巧用外贸邮件拿订单　刘裕　45.00元　978-7-80165-966-8　2013年8月第1版

📖 国际物流操作子系列

1. 货代高手教你做货代
　　——优秀货代笔记（第二版）　何银星　33.00元　978-7-5175-0003-2　2014年2月第2版
2. 国际物流操作风险防范
　　——技巧·案例分析　孙家庆　32.00元　978-7-80165-577-6　2009年4月第1版

📖 通关实务子系列

1. 外贸企业轻松应对海关估价　熊斌　赖芸　王卫宁　35.00元　978-7-80165-895-1　2012年9月第1版
2. 报关实务一本通（第二版）　苏州工业园区海关　35.00元　978-7-80165-889-0　2012年8月第2版
3. 如何通过原产地证尽享关税优惠　南京出入境检验检疫局　50.00元　978-7-80165-614-8　2009年4月第3版

📖 彻底搞懂子系列

1. 彻底搞懂信用证（第三版）　王腾　曹红波　55.00元　978-7-5175-0264-7　2018年5月第3版
2. 彻底搞懂关税（第二版）　孙金彦　43.00元　978-7-5175-0172-5　2017年1月第2版
3. 彻底搞懂提单（第二版）　张敏　张鹏飞　38.00元　978-7-5175-0164-0　2016年12月第2版
4. 彻底搞懂中国自由贸易区优惠　刘德标　祖月　34.00元　978-7-80165-762-6　2010年8月第1版
5. 彻底搞懂贸易术语　陈岩　33.00元　978-7-80165-719-0　2010年2月第1版
6. 彻底搞懂海运航线　唐丽敏　25.00元　978-7-80165-644-5　2009年7月第1版

📖 外贸英语实战子系列

1. 十天搞定外贸函电（白金版）　毅冰　69.00元　978-7-5175-0347-7　2019年4月第2版
2. 让外贸邮件说话——读懂客户心理的分析术　蔡泽民（Chris）　38.00元　978-7-5175-0167-1　2016年12月第1版
3. 外贸高手的口语秘籍　李凤　35.00元　978-7-80165-838-8　2012年2月第1版

书名	作者	定价	书号	出版时间
4. 外贸英语函电实战	梁金水	25.00元	978-7-80165-705-3	2010年1月第1版
5. 外贸英语口语一本通	刘新法	29.00元	978-7-80165-537-0	2008年8月第1版

📖 外贸谈判子系列

书名	作者	定价	书号	出版时间
1. 外贸英语谈判实战（第二版）	王慧 仲颖	38.00元	978-7-5175-0111-4	2016年3月第2版
2. 外贸谈判策略与技巧	赵立民	26.00元	978-7-80165-645-2	2009年7月第1版

📖 国际商务往来子系列

书名	作者	定价	书号	出版时间
国际商务礼仪大讲堂	李嘉珊	26.00元	978-7-80165-640-7	2009年12月第1版

📖 贸易展会子系列

书名	作者	定价	书号	出版时间
外贸参展全攻略——如何有效参加B2B贸易商展（第三版）	钟景松	38.00元	978-7-5175-0076-6	2015年8月第3版

📖 区域市场开发子系列

书名	作者	定价	书号	出版时间
中东市场开发实战	刘军 沈一强	28.00元	978-7-80165-650-6	2009年9月第1版

📖 加工贸易操作子系列

书名	作者	定价	书号	出版时间
1. 加工贸易实务操作与技巧	熊斌	35.00元	978-7-80165-809-8	2011年4月第1版
2. 加工贸易达人速成——操作案例与技巧	陈秋霞	28.00元	978-7-80165-891-3	2012年7月第1版

📖 乐税子系列

书名	作者	定价	书号	出版时间
1. 外贸企业免退税实务——经验·技巧分享（第二版）	徐玉树 罗玉芳	55.00元	978-7-5175-0428-3	2020年5月第2版
2. 外贸会计账务处理实务——经验·技巧分享	徐玉树	38.00元	978-7-80165-958-3	2013年8月第1版
3. 生产企业免抵退税实务——经验·技巧分享（第二版）	徐玉树	42.00元	978-7-80165-936-1	2013年2月第2版
4. 外贸企业出口退（免）税常见错误解析100例	周朝勇	49.80元	978-7-80165-933-0	2013年2月第1版
5. 生产企业出口退（免）税常见错误解析115例	周朝勇	49.80元	978-7-80165-901-9	2013年1月第1版
6. 外汇核销指南	陈文培等	22.00元	978-7-80165-824-1	2011年8月第1版
7. 外贸企业出口退税操作手册	中国出口退税咨询网	42.00元	978-7-80165-818-0	2011年5月第1版
8. 生产企业免抵退税从入门到精通	中国出口退税咨询网	98.00元	978-7-80165-695-7	2010年1月第1版
9. 出口涉税会计实务精要（《外贸会计实务精要》第二版）	龙博客工作室	32.00元	978-7-80165-660-5	2009年9月第2版

📖 专业报告子系列

书名	作者	定价	书号	出版时间
1. 国际工程风险管理	张燎	1980.00元	978-7-80165-708-4	2010年1月第1版

书名	作者	定价	书号	出版时间
2. 涉外型企业海关事务风险管理报告	《涉外型企业海关事务风险管理报告》研究小组	1980.00 元	978-7-80165-666-7	2009 年 10 月第 1 版

外贸企业管理子系列

书名	作者	定价	书号	出版时间
1. 外贸经理人的 MBA	毅 冰	55.00 元	978-7-5175-0305-7	2018 年 10 月第 1 版
2. 小企业做大外贸的制胜法则——职业外贸经理人带队伍手记	胡伟锋	35.00 元	978-7-5175-0071-1	2015 年 7 月第 1 版
3. 小企业做大外贸的四项修炼	胡伟锋	26.00 元	978-7-80165-673-5	2010 年 1 月第 1 版

国际贸易金融子系列

书名	作者	定价	书号	出版时间
1. 国际结算单证热点疑义相与析	天九湾贸易金融研究汇	55.00 元	978-7-5175-0292-0	2018 年 9 月第 1 版
2. 国际结算与贸易融资实务（第二版）	李华根	55.00 元	978-7-5175-0252-4	2018 年 3 月第 1 版
3. 信用证风险防范与纠纷处理技巧	李道金	45.00 元	978-7-5175-0079-7	2015 年 10 月第 1 版
4. 国际贸易金融服务全程通（第二版）	郭党怀 张丽君 张贝	43.00 元	978-7-80165-864-7	2012 年 1 月第 2 版
5. 国际结算与贸易融资实务	李华根	42.00 元	978-7-80165-847-0	2011 年 12 月第 1 版

毅冰谈外贸子系列

书名	作者	定价	书号	出版时间
毅冰私房英语书——七天秀出外贸口语	毅 冰	35.00 元	978-7-80165-965-1	2013 年 9 月第 1 版

"创新型"跨境电商实训教材

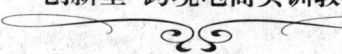

书名	作者	定价	书号	出版时间
跨境电子商务概论与实践	冯晓宁	48.00 元	978-7-5175-0313-2	2019 年 1 月第 1 版

"实用型"报关与国际货运专业教材

书名	作者	定价	书号	出版时间
1. 国际货运代理操作实务（第二版）	杨鹏强	48.00 元	978-7-5175-0364-4	2019 年 8 月第 2 版
2. 集装箱班轮运输与管理实务	林益松	48.00 元	978-7-5175-0339-2	2019 年 3 月第 1 版
3. 航空货运代理实务（第二版）	杨鹏强	55.00 元	978-7-5175-0336-1	2019 年 1 月第 2 版
4. 进出口商品归类实务（第三版）	林 青	48.00 元	978-7-5175-0251-7	2018 年 3 月第 3 版
5. e 时代报关实务	王 云	40.00 元	978-7-5175-0142-8	2016 年 6 月第 1 版
6. 供应链管理实务	张远昌	48.00 元	978-7-5175-0051-3	2015 年 4 月第 1 版
7. 电子口岸实务（第二版）	林青	35.00 元	978-7-5175-0027-8	2014 年 6 月第 2 版
8. 报检实务（第二版）	孔德民	38.00 元	978-7-80165-999-6	2014 年 3 月第 2 版

书名	作者	定价	书号	出版时间
9. 现代关税实务（第二版）	李 齐	35.00元	978-7-80165-862-3	2012年1月第2版
10. 国际贸易单证实务（第二版）	丁行政	45.00元	978-7-80165-855-5	2012年1月第2版
11. 报关实务（第三版）	杨鹏强	45.00元	978-7-80165-825-8	2011年9月第3版
12. 海关概论（第二版）	王意家	36.00元	978-7-80165-805-0	2011年4月第2版

"精讲型"国际贸易核心课程教材

1. 国际贸易实务精讲（第七版）	田运银	49.50元	978-7-5175-0260-9	2018年4月第7版
2. 国际货运代理实务精讲（第二版）	杨占林 汤 兴 官敏发	48.00元	978-7-5175-0147-3	2016年8月第2版
3. 海关法教程（第三版）	刘达芳	45.00元	978-7-5175-0113-8	2016年4月第3版
4. 国际电子商务实务精讲（第二版）	冯晓宁	45.00元	978-7-5175-0092-6	2016年3月第2版
5. 国际贸易单证精讲（第四版）	田运银	45.00元	978-7-5175-0058-2	2015年6月第4版
6. 国际贸易操作实训精讲（第二版）	田运银 胡少甫 史 理 朱东红	48.00元	978-7-5175-0052-0	2015年2月第2版
7. 进出口商品归类实务精讲	倪淑如 倪 波 田运银	48.00元	978-7-5175-0016-2	2014年7月第1版
8. 外贸单证实训精讲	龚玉和 齐朝阳	42.00元	978-7-80165-937-8	2013年4月第1版
9. 外贸英语函电实务精讲	傅龙海	42.00元	978-7-80165-935-4	2013年2月第1版
10. 国际结算实务精讲	庄乐梅 李 菁	49.80元	978-7-80165-929-3	2013年1月第1版
11. 报关实务精讲	孔德民	48.00元	978-7-80165-886-9	2012年6月第1版
12. 国际商务谈判实务精讲	王 慧 唐力忻	26.00元	978-7-80165-826-5	2011年9月第1版
13. 国际会展实务精讲	王重和	38.00元	978-7-80165-807-4	2011年5月第1版
14. 国际贸易实务疑难解答	田运银	20.00元	978-7-80165-718-3	2010年9月第1版

"实用型"国际贸易课程教材

1. 外贸跟单实务（第二版）	罗 艳	48.00元	978-7-5175-0338-5	2019年1月第2版
2. 海关报关实务	倪淑如 倪 波	48.00元	978-7-5175-0150-3	2016年9月第1版
3. 国际金融实务	李 齐 唐晓林	48.00元	978-7-5175-0134-3	2016年6月第1版
4. 国际贸易实务	丁行政 罗艳	48.00元	978-7-80165-962-0	2013年8月第1版

中小企业财会实务操作系列丛书

1. 做顶尖成本会计应知应会150问（第二版）	张 胜	48.00元	978-7-5175-0275-3	2018年6月第2版
2. 小企业会计疑难解惑300例	刘华 刘方周	39.80元	978-7-80165-845-6	2012年1月第1版
3. 会计实务操作一本通	吴虹雁	35.00元	978-7-80165-751-0	2010年8月第1版

2020年中国海关出版社有限公司乐贸系列
新书重磅推荐 >>

《外贸社交媒体营销新思维：
向无效社交说 No》

作者：May（石少华）

定价：55.00 元

出版日期：2018 年 6 月第 1 版

书号：978-7-5175-0270-8

内容简介

本书是目前市面上少见的系统介绍如何利用 LinkedIn 进行外贸社交媒体营销的书，作者将多年的实践经历及授课精华内容集结在这本书中：

板块环环相扣，从 LinkedIn 必备知识出发到与传统外贸相结合，帮你开拓社交媒体营销新思路；

细节面面俱到，从平台实操角度出发，指导外贸人打造完美的 Profile、做好安全和隐私设置、玩转公司主页；

作者以亲身实践为例，展示如何更好地利用 LinkedIn 进行客户开发和外贸营销；

思维举一反三，启发外贸人开发更多平台，抓住社交媒体营销的红利。